EL TETRAGRÁMATON
El Nombre Secreto De Dios

Guía Práctica con Ejercicios para Explorar y Manifestar el Poder del Nombre Sagrado

Neville Jung

Primera edición octubre de 2024

Derechos reservados. Ninguna parte de este libro puede ser reproducida o transmitida en cualquier forma o por ningún medio electrónico o mecánico, incluyendo fotocopiado, grabado o por cualquier almacenamiento de información o sistema de recuperación, sin permiso escrito de los autores.

Nota importante de exención de responsabilidad: Este libro es solo para propósitos educativos y de entretenimiento. El autor ha hecho todo lo posible para proporcionar información completa, precisa, actual y confiable, pero no se puede garantizar. El autor no es un experto en asesoramiento legal, financiero, médico o profesional. La información en este libro se ha recopilado de diferentes fuentes, por lo que es importante que consultes a un profesional antes de probar cualquier técnica descrita. Al leer este libro, aceptas que el autor no se hace responsable de ninguna pérdida directa o indirecta que pueda surgir por el uso de la información proporcionada, como errores o inexactitudes.

COPYRIGHT© Neville Jung

Tabla de contenido

Introducción 1

El Tetragrámaton y el Nombre de Dios 5

El Tetragrámaton en la Cábala 11

PARTE I 17

1. El Enigma del Edén 17
2. Los Estandartes Bíblicos y su significado 23
3. Oscuridad y Luz 27
   El Misterio del Génesis 31
   La Ley Divina de Causa y Efecto 32
   El Patrón de Oscuridad y Luz Bíblico 34
4. Orden en el Jardín del Edén 36
5. Desentrañando el Jardín del Edén 41
6. Revelaciones del Arca 47
   El Arca de Dios y la Profecía Bíblica 57
   El Árbol del Conocimiento del Bien y el Mal 58
   La Naturaleza del Fruto Prohibido 59
7. El bien y el Mal 62

8. Cristo, La Verdad y La Mentira 73
   El Verbo y el Engaño 79

HU: Vibración Complementaria 80
Egipto y la Caída del Hombre 81
AH y HU: Dos Panes, Dos Árboles, Dos Realidades 82

9. El Nombre Sagrado del Arca 84

10. El enigma de Sansón y la Adoración 95
Adoración en Verdad y Espíritu 100
El Nombre Divino Revelado 102
Invocar El Nombre Sagrado 103

PARTE II 106

Prácticas con el Tetragrámaton 106
Los 72 Nombres de Dios y su relación con el Tetragrámaton 106
Prácticas con el Tetragrámaton para la Transformación Personal 113
   Preparación para las Prácticas 114
   Ejercicio 1: Meditación en las Letras del Tetragrámaton 114
   Ejercicio 2: Creación de Afirmaciones con el Tetragrámaton 116
   Ejercicio 3: Sonidos Sagrados y Vibración .. 117
   Ejercicio 4: Visualización Creativa con el Tetragrámaton 118

Ejercicio 5: Decretos Poderosos con el
Nombre Divino 118

Ejercicio 6: Creación de un
Mandala del Tetragrámaton 119

Ejercicio 7: Respiración Consciente
con las Letras Divinas 120

Ejercicio 8: Oración Afirmativa
con el Tetragrámaton 121

Ejercicio 10: Diario Espiritual
con el Tetragrámaton 123

Afirmaciones con el Tetragrámaton 123

Salud (33 Afirmaciones) 124

Abundancia (33 Afirmaciones) 127

Amor (33 Afirmaciones) 131

Trabajo (33 Afirmaciones) 134

Serenidad (34 Afirmaciones) 137

Resolución de Problemas
(34 Afirmaciones) 140

Afirmaciones Adicionales
(4 Afirmaciones) 144

Oraciones y Afirmaciones para los 72 Nombres de
Dios   145

Introducción

En el campo del estudio espiritual y metafísico, pocos temas han logrado capturar la atención de quienes buscan entendimientos profundos tanto como el Tetragrámaton, el nombre sagrado de Dios según la tradición hebrea. Este libro no solo aborda los aspectos conceptuales de este antiguo símbolo, sino que también explora su relevancia en la transformación individual y el desarrollo espiritual a través de aplicaciones prácticas. Su contenido está organizado en dos secciones principales. La primera parte se enfoca en los elementos históricos, lingüísticos y simbólicos que rodean al Tetragrámaton, revelando la complejidad de sus significados a través de un análisis detallado de textos sagrados y enseñanzas esotéricas. Este estudio permite comprender cómo este nombre divino refleja la esencia de lo sagrado y el proceso creativo que sostiene el universo.

Puedo afirmar que lo más innovador se presenta en la segunda sección, que va más allá de los aspectos teóricos. Aquí, se ofrece al lector un conjunto de ejercicios y prácticas diseñadas para integrar el poder de este nombre en la vida cotidiana.

A través de la meditación, visualización y afirmaciones, el objetivo es que cada individuo pueda activar su propio potencial creativo, ajustándose así a las fuerzas universales que gobiernan la realidad.

Este enfoque práctico, poco frecuente en la literatura sobre el tema, ofrece herramientas tangibles para facilitar el cambio personal, convirtiéndose en una guía valiosa para quienes desean experimentar los principios asociados al Tetragrámaton en su existencia diaria.

Debo aceptar que un elemento esencial en este trabajo es la influencia del Nuevo Pensamiento, una filosofía espiritual que sostiene el poder creador de la mente humana y la divinidad intrínseca en cada ser. Las enseñanzas de Neville Goddard, uno de los exponentes más influyentes de esta corriente, han sido una fuente central de inspiración. Goddard, conocido por su interpretación mística de las escrituras y su énfasis en el poder de la imaginación, consideraba que la expresión "YO SOY" no era simplemente una afirmación espiritual, sino una clave para liberar el ilimitado poder creador presente en cada ser humano. Según él, al aceptar y manifestar esta verdad interna, se abre la puerta para modelar la realidad conforme a los deseos más profundos.

El presente libro se adentra en esta idea, mostrando la relación entre el Tetragrámaton y la afirmación "YO SOY", destacando que la divinidad no es una entidad externa, sino una realidad constante que reside en el interior de cada persona. Al ajustar pensamientos, palabras y acciones con esta verdad, se entra en un proceso activo de cocreación, moldeando la experiencia de vida mediante el uso consciente del verbo.

No he querido limitar este texto, entonces, a un análisis académico del Tetragrámaton. Más bien, busco un enfoque que invita a la transformación personal. Quienes apliquen los principios aquí descritos, encontrarán una vía para despertar a su verdadera naturaleza, esa que refleja lo divino.

Independientemente de si se aborda este libro desde la óptica de un estudiante de Cábala, un practicante de la metafísica, o alguien en busca de conocimiento espiritual, su contenido ofrece un amplio repertorio de ideas y métodos para el crecimiento personal. Con su combinación de erudición y enfoque práctico, esta obra se presenta como una fuente de conocimiento para quienes buscan una comprensión más profunda del

Tetragrámaton y su capacidad para influir en la realidad.

Neville Jung

El Tetragrámaton y el Nombre de Dios

El concepto del nombre de Dios ha sido un tema central de reflexión y práctica en el vasto universo de la espiritualidad y la metafísica. Dos términos clave en esta exploración son el Tetragrámaton y la expresión "Yo Soy", ambos considerados manifestaciones del poder divino. El Tetragrámaton, representado por las letras hebreas YHVH (יהוה), es uno de los nombres más sagrados de Dios en la tradición judía. Estas cuatro letras encapsulan un misterio profundo: la esencia misma de lo divino como el ser absoluto e inmutable. En el contexto metafísico, el Tetragrámaton no es solo un nombre; es una representación del proceso creativo universal que subyace a toda existencia.

Desde una perspectiva metafísica, el Tetragrámaton tiene varias interpretaciones significativas. Se asocia con los cuatro elementos —tierra, aire, fuego y agua— simbolizando el equilibrio cósmico y la armonía entre lo espiritual y lo físico. Esta interpretación resuena con la idea de que todo en el universo está interconectado y que cada elemento es una manifestación del mismo principio divino. En la cábala, cada letra del

Tetragrámaton representa una fase del proceso creativo: Jojmá (sabiduría), Biná (entendimiento), Zeir Anphin (compasión) y Maljut (reino). Este proceso refleja cómo la Luz del Creador se manifiesta en el mundo, sugiriendo que cada individuo puede participar en este proceso creativo al alinearse con estas energías divinas.

Tradicionalmente, el Tetragrámaton ha sido utilizado como un amuleto de protección, capaz de repeler energías negativas y atraer la luz divina. En términos metafísicos, portar o meditar sobre este símbolo puede amplificar las energías positivas y facilitar un acceso más profundo a estados superiores de conciencia. El Tetragrámaton está íntimamente ligado al verbo hebreo "ser" (היה), sugiriendo una conexión directa con la existencia misma. En su forma más pura, simboliza a Dios como "El que Es", una presencia constante y eterna que trasciende el tiempo y el espacio.

Por otro lado, la expresión "Yo Soy" proviene de la respuesta de Dios a Moisés en Éxodo 3:14, donde Dios se define como "Yo Soy el que Soy". Esta declaración no solo revela la existencia de Dios sino que también establece un vínculo directo con el Tetragrámaton. En términos metafísicos, "Yo Soy" se convierte en una afirmación poderosa de la presencia divina dentro de cada individuo. Es una manifestación del ser absoluto y una invitación a reconocer nuestra propia divinidad interna.

Desde la perspectiva del Nuevo Pensamiento, ambos conceptos convergen para enfatizar que la conciencia individual es una extensión del ser divino. "Yo Soy" se entiende como una declaración de identidad que conecta al individuo con la fuente universal de poder y creación. Al afirmar "Yo Soy", uno está reconociendo su papel como cocreador con el universo, utilizando la misma esencia que define al Tetragrámaton.

Decir "Yo Soy" es reconocer la presencia divina dentro de uno mismo. Esta afirmación se convierte en un decreto creativo que tiene el poder de manifestar cualquier cualidad o realidad que siga estas palabras. Al decir "Yo Soy amor", uno no solo afirma su conexión con lo divino sino que también activa esa cualidad en su vida. El uso consciente del "Yo Soy" permite al individuo asumir su papel como cocreador con lo divino. Cada afirmación después de "Yo Soy" es una orden al universo para manifestar esa realidad. Este principio subraya la importancia de mantener pensamientos positivos y afirmaciones conscientes para transformar nuestra experiencia diaria.

Al afirmar "Yo Soy", uno reconoce su unidad esencial con Dios. Esta declaración trasciende las limitaciones humanas al conectarnos con nuestra verdadera esencia espiritual, que es eterna e ilimitada. Desde la perspectiva del Nuevo Pensamiento, tanto el Tetragrámaton como "Yo Soy" son herramientas poderosas para la transformación personal y espiritual. Estos conceptos nos invitan a explorar nuestra verdadera naturaleza como seres espirituales viviendo una experiencia humana.

La relación entre el Tetragrámaton y el concepto de "Yo Soy" es profunda y multifacética, conectando la esencia divina con la identidad humana desde una perspectiva metafísica. Ambos conceptos se originan en el relato bíblico del Éxodo, donde Dios se revela a Moisés como "Yo Soy el que Soy" (Éxodo 3:14), un nombre que encapsula su naturaleza eterna e inmutable. Esta frase no solo identifica a Dios como un ser eterno e inmutable, sino que también establece un principio metafísico fundamental: la existencia como esencia divina. En la metafísica del Nuevo Pensamiento, "Yo Soy" se interpreta como un reconocimiento del poder divino dentro de cada individuo. Al afirmar "Yo Soy", uno no solo reconoce su conexión con lo divino, sino que también activa su potencial creativo.

Desde una perspectiva metafísica, el Tetragrámaton y "Yo Soy" están interrelacionados en varios niveles. El Tetragrámaton representa a Dios como la fuente de toda existencia, mientras que "Yo Soy" permite a los individuos reconocer esa misma esencia divina dentro de sí mismos. Esta conexión sugiere que cada ser humano posee un fragmento del poder creador de Dios, capaz de manifestar su realidad. Al usar el "Yo Soy", se activa un poder creativo inherente que refleja el proceso creativo representado por el Tetragrámaton. Cada afirmación después de "Yo Soy" es vista como un decreto al universo para manifestar esa realidad.

Ambas expresiones subrayan la unidad esencial entre lo divino y lo humano. El Tetragrámaton simboliza la presencia continua de Dios en el mundo, mientras que "Yo Soy" permite a los individuos experimentar esa presencia en sus vidas diarias. La comprensión de esta relación tiene profundas implicaciones espirituales y prácticas. Al reconocer el poder del "Yo Soy", las personas pueden asumir un papel activo en la creación de sus vidas, alineándose con las energías divinas para manifestar sus deseos y superar obstáculos. Meditar sobre el Tetragrámaton o utilizar afirmaciones con "Yo Soy" puede facilitar una transformación interior profunda, permitiendo a los individuos experimentar una mayor paz, claridad y propósito. Estas prácticas fomentan una conexión más profunda con lo divino, ayudando a las personas a vivir en armonía con su verdadera naturaleza espiritual.

El Tetragrámaton es fundamental en los procesos de creación y manifestación debido a su representación del equilibrio cósmico y su capacidad para conectar a los individuos con lo divino. Es una herramienta poderosa para aquellos que buscan transformar sus vidas mediante prácticas espirituales conscientes. Se considera que el Tetragrámaton abarca la totalidad de la existencia. Todo lo que existe, tanto en el plano físico como en el espiritual, pasa por este proceso. Esto significa que cualquier acto de creación o manifestación está intrínsecamente ligado a este nombre divino, lo que subraya su importancia como fundamento del ser.

El Tetragrámaton es visto como uno de los símbolos más poderosos para repeler energías negativas y atraer la luz divina. Su uso como amuleto refleja su capacidad para equilibrar las energías del cuerpo y promover una conexión más profunda con lo divino. Llevar o meditar sobre el Tetragrámaton puede amplificar las energías positivas y facilitar el acceso a estados superiores de conciencia. Esto es crucial para aquellos que buscan manifestar sus deseos desde un lugar de alineación espiritual, ya que el símbolo actúa como un recordatorio constante de la presencia divina.

En el proceso de manifestación, es importante minimizar el ego para permitir que la Luz del Creador se revele plenamente. El Tetragrámaton ayuda a reducir el ego al recordar a los practicantes su conexión con una fuente superior, permitiendo así una manifestación más pura y efectiva. En resumen, el Tetragrámaton y "Yo Soy" están intrínsecamente ligados como expresiones de la realidad divina y humana. Juntos, ofrecen un camino hacia la comprensión espiritual y el empoderamiento personal, permitiendo a los individuos participar activamente en el proceso creativo del universo.

El Tetragrámaton en la Cábala

El Tetragrámaton, formado por las letras hebreas Yod (י), He (ה), Vav (ו), He (ה), representa uno de los nombres más sagrados de la divinidad en la tradición judía. Para la Cábala, su simbolismo va mas allá del nombre mismo; se trata de una herramienta que permite el acercamiento a las profundidades del universo espiritual y metafísico. En el estudio cabalístico, cada letra que lo conforma posee un significado profundo y refleja distintos aspectos del proceso de creación y desarrollo espiritual del ser.

La letra Yod encarna el impulso primigenio de la creación, representando la semilla de todo lo que existe y simbolizando la sabiduría o Jojmá, un estado de potencial puro en el cual reside la esencia inicial de todo lo manifestado. La primera He, por su parte, se relaciona con el entendimiento o Biná, donde este potencial comienza a tomar forma, expandiéndose desde la simiente original en un acto de crecimiento y diferenciación. Luego, Vav actúa como el canal que conecta lo divino con lo terrenal, manifestando la belleza y armonía de Tiferet en el Árbol de la Vida. Finalmente, la segunda He se asocia con el reino o Maljut, señalando la culminación del ciclo de creación en el plano material.

Estas letras no solo representan un ciclo continuo de creación y manifestación, sino que ilustran cómo lo divino se despliega en el mundo físico, revelando etapas y grados de expresión que conectan lo inmaterial con la realidad tangible. Este proceso puede comprenderse también mediante la gematría, una práctica cabalística que asigna valores numéricos a las letras hebreas para descubrir los significados velados en los textos sagrados. El Tetragrámaton posee un valor numérico de 26 (Yod=10, He=5, Vav=6, He=5), número que se vincula con diversos conceptos cabalísticos y otros nombres divinos, ampliando su resonancia y significado en el plano espiritual.

Mediante la gematría y otras técnicas de análisis, se hallan conexiones entre palabras y conceptos que comparten el mismo valor numérico, creando una red de relaciones y significados que profundizan la comprensión de las escrituras. Así, el Tetragrámaton no solo comunica un nombre, sino que invita a descifrar su relación con otros aspectos de la vida y la creación a través de sus valores ocultos.

Dentro de las interpretaciones cabalísticas de este sagrado nombre, una de las más notables es su conexión con los 72 Nombres de Dios, los cuales no son nombres en un sentido común, sino combinaciones de tres letras hebreas que derivan de un pasaje específico del Éxodo. Cada una de estas combinaciones es considerada una llave que permite acceder a diferentes dimensiones de la energía divina. A través de prácticas meditativas, estos nombres pueden utilizarse para elevar la conciencia espiritual y acceder a fuerzas superiores. Cada nombre tiene un propósito único y específico, desde disolver energías negativas hasta inspirar amor incondicional, posibilitando una conexión con distintos aspectos del poder divino que trascienden el ámbito material.

En el contexto cabalístico, el Árbol de la Vida es una representación de las sefirot, emanaciones divinas a través de las cuales Dios se manifiesta en el mundo. El Tetragrámaton y el Árbol de la Vida están profundamente entrelazados. Así, Jojmá, o sabiduría, y Biná, o entendimiento, se encuentran representadas por Yod y la primera He, respectivamente. Tiferet, o belleza, se asocia con Vav, y Maljut, el reino, está simbolizado por la última He. Este esquema muestra cómo las letras del Tetragrámaton corresponden a las etapas del proceso creativo divino, desde el concepto inicial hasta su manifestación en el plano material. Cada una de las letras representa un aspecto fundamental de cómo lo divino se despliega hacia el mundo físico, con un propósito determinado y una conexión espiritual constante.

Desde una perspectiva más moderna, el Nuevo Pensamiento, corriente espiritual que destaca el poder creativo del pensamiento positivo y las afirmaciones, ofrece una interpretación alternativa de este nombre. En esta filosofía, el Tetragrámaton se asocia con el poder creativo innato en el ser humano, una facultad que permite modelar su entorno y realidad. Así, en el Nuevo Pensamiento, se enfatiza la noción del "Yo Soy", y el acto de meditar sobre el Tetragrámaton se convierte en un ejercicio que alinea el pensamiento humano con las energías creativas del universo, fortaleciendo la conexión con lo divino a través del poder de la palabra. Las afirmaciones conscientes, fundadas en la esencia de "Yo Soy", ilustran el poder de las palabras como herramientas fundamentales en la manifestación de realidades deseadas.

Por lo tanto, el Tetragrámaton es mucho más que un simple nombre sagrado; dentro de la Cábala, representa una herramienta de conocimiento profundo que permite comprender la manera en que la divinidad se expresa tanto en el universo espiritual como en el físico. Su estudio revela cómo lo divino actúa en todas las cosas, cómo interactúa con el ser y cómo el individuo puede tomar un papel activo en este proceso creativo universal.

PARTE I
1. El Enigma del Edén

El relato de Adán y Eva en el Edén es uno de los enigmas más profundos en las Escrituras, y una vez se esclarece su significado, toda la Biblia despliega su misterio. ¿Qué es realmente el árbol del conocimiento del bien y del mal? ¿Cuál es la verdadera esencia de su fruto? Estas respuestas, escondidas en el simbolismo bíblico, requieren una exploración profunda para revelarse, pues se hallan ocultas en los rincones más profundos de los textos sagrados.

La interpretación común de este relato ha llevado a muchos a desconfiar de la Biblia, cuestionando cómo la humanidad podría sufrir por siempre por la aparente desobediencia de Adán y Eva al comer una fruta prohibida. ¿Es así, que por un solo acto toda la creación caería bajo la sombra de la muerte, como si Dios, en Su bondad infinita, actuara de modo tan tajante? Este relato, que algunos consideran una simplificación, exige ser entendido desde su esencia velada.

La verdadera caída del hombre desde el Edén está plasmada en las Escrituras, aguardando a ser entendida. Continuar en este viaje permite contemplar cómo la Biblia se despliega gradualmente, como un texto vivo que revela sus misterios a quienes lo buscan.

Muchos han sostenido que no hay nada escondido en los textos sagrados; sin embargo, David escribió: "Abre mis ojos para que vea las maravillas de tu ley" (Salmo 119:18). Aquí yace una clave que invita al lector a ver más allá de la superficie. La comprensión es un proceso que se experimenta más allá de las palabras, en una conexión directa con las verdades eternas, en el misterio de la comunicación divina. Por ejemplo, David invita a una visión trascendente, y en esta misma tradición mística se inicia el viaje hacia la verdad.

Se necesita disposición para indagar en cada línea de las Escrituras, reconociendo que solo al soltar los propios juicios se puede ver con claridad. Incluso los conocedores de la ley a menudo erraban en su interpretación, como lo advirtió Jesús cuando dijo: "Ay de ustedes, letrados, porque se han llevado la llave del conocimiento. Ustedes mismos no entraron, y a los que entraban se lo impidieron" (Lucas 11:52). En la búsqueda personal de la verdad, la Biblia emerge como una serie de interrogantes, enigmas que solo una fe inquebrantable y una mente abierta pueden resolver.

La Biblia contiene pasajes enigmáticos como el de Apocalipsis 3:12: "Al que venciere, yo lo haré columna en el templo de mi Dios, y no saldrá más". Este versículo parece apuntar a una realidad oculta, incluso a temas como la ubicación del Edén y la continuidad de la existencia. Tal curiosidad, aunque a veces censurada, enciende una llama en el alma que busca desentrañar los misterios de las Escrituras. Esta búsqueda intensifica el deseo de conocer, de ir más allá de lo evidente, en una aproximación que no se apoya en interpretaciones convencionales.

Un fenómeno extraño puede acompañar esta búsqueda, impulsando a realizar preguntas que en apariencia desafían la lógica establecida. Preguntar, por ejemplo, sobre el verdadero significado de los versículos puede resultar en la misma respuesta: "No te apoyes en tu propio entendimiento". Si bien esta advertencia tiene razón, no deja de ser necesario buscar profundamente, pues el mensaje en la Biblia a menudo está velado, como sugiere Isaías 28:10: "... aquí un poco allí un poco...". En este punto se comprende que algunos versículos contienen sabiduría oculta, esparcida de modo que quienes buscan persistentemente puedan descubrirla.

La historia de Job es un ejemplo de cómo fácilmente se puede malinterpretar. Job, en su sabiduría aparente, dijo: "Como la nube desaparece y se desvanece, así el que desciende al sepulcro no sube. Jamás volverá a su casa" (Job 7:9-10). Sin embargo, la respuesta de Dios fue: "¿Quién es éste que oscurece el consejo con palabras sin conocimiento?" (Job 38:2). Aquí, Job reconoce sus limitaciones, confesando que ha hablado sin comprender plenamente, abriendo así el camino para una sabiduría mayor.

Este ejercicio de comprender las Escrituras requiere precaución, pues cada versículo debe leerse en su contexto espiritual profundo. Salomón, en Eclesiastés, escribió: "Porque los vivos saben que han de morir, pero los muertos nada saben..." (Eclesiastés 9:5), un verso que a menudo se malinterpreta como si la muerte significara la cesación total. Sin embargo, las Escrituras ofrecen otra perspectiva: "Despiértate, tú que duermes, y levántate de entre los muertos" (Efesios 5:14). Así, la Biblia misma indica que la vida y la muerte tienen connotaciones que trascienden lo literal; en verdad, se refiere a los vivos que desconocen su verdadero ser, a quienes se les llama "muertos" espirituales.

Emprender la escritura de este texto presenta dificultades evidentes, pues expresar lo que permanece oculto en los misterios divinos no es tarea sencilla. Se requiere una preparación interna para recibir tales revelaciones y poder transmitirlas sin añadir ni quitar nada, respetando la integridad de la verdad revelada. Así, el contenido de este texto no es una interpretación individual, sino una expresión de la revelación guiada por el Espíritu de Verdad, transmitiendo aquello que Dios ha permitido conocer.

La Biblia señala las directrices para descubrir la verdad en sus páginas: primero, "Has dado un estandarte a los que te temen desplegado a causa de la verdad" (Salmo 60:4). En segundo lugar, Oseas 12:10 apunta que Dios "ha dado símbolos mediante el testimonio de los profetas", lo cual es una invitación a observar y analizar los estandartes y símbolos que aparecen en las Escrituras.

Estos estandartes de Dios son como señales encendidas en la Biblia, llamando la atención de aquellos que buscan. Se presentan como hechos extraños, como la ocasión en que Moisés levantó la Vara de Dios para que Josué venciera a los amalecitas. Este acto es en sí mismo un estandarte, una señal que invita a profundizar en su significado, pues Moisés en la colina con la vara levantada representa algo más allá de lo literal.

La lógica nos dice que si Josué pudo detener el curso del sol, como se narra en Josué 10:12, seguramente no necesitaba de Moisés para asegurar la victoria. Esta escena simboliza un mensaje escondido en la vara de Dios. Los acontecimientos extraños en la Biblia son recordatorios de que Dios habla a través de ellos, dejando señales que esperan ser descifradas.

2. Los Estandartes Bíblicos y su significado

Centremos nuestra atención en el Jardín del Edén y la caída del hombre del paraíso, reconociendo que solo la Biblia revela esta verdad. En primer lugar, se mencionará lo que se denomina "el estandarte que todo lo oculta", una señal última que se reveló y cuya comprensión fue inmediata.

Esto se menciona primero para que se perciba algo en la palabra divina que a menudo pasa inadvertido. Antes de avanzar a otros símbolos, se presentará la llave que permite descifrarlos. Es sabido que cada nombre en la Biblia tiene un significado profundo, como "Isaac", que implica "él ríe", o "Josué", que simboliza "salvador". Este enfoque puede extenderse a cada nombre bíblico, cuyo análisis puede llevar a profundos descubrimientos. Para los propósitos de este texto, se han usado referencias como el Diccionario de la Biblia King James y la Nueva Biblia King James. Este significado oculto en los nombres bíblicos es precisamente la clave para entender los siguientes estandartes.

El término "estandarte de la Biblia" se emplea para señalar momentos en que se manifiestan fenómenos extraordinarios en la palabra sagrada. Un ejemplo claro se halla en la forma inusual en que se registra el nacimiento de las hijas de Zelofehad. Normalmente, solo se menciona el orden de nacimiento de los hijos de los patriarcas, pero aquí, Dios enumera a las cinco hijas, un hecho singular. Este evento ocurre cuatro veces en la Biblia, exclusivamente con las hijas de Zelofehad, lo cual establece un estandarte divino que parece indicar: "¡Atención aquí!".

El registro específico del nacimiento de estas cinco hijas se encuentra en Números 27:1, donde se dice: "Vinieron las hijas de Zelofehad hijo de Hefer, hijo de Galaad, hijo de Maquir, hijo de Manasés, de las familias de Manasés hijo de José; y estas eran Mahlah, Noa, Hoglah, Milca y Tirzah...". Al igual que cada nombre bíblico, los nombres de estas hijas contienen significados internos. Siguiendo el orden de nacimiento de las hijas es posible descifrar esos significados. Mantener el orden es fundamental, pues solo Dios tiene la autoridad para cambiar el orden bíblico.

Los nombres de las hijas en el orden de nacimiento original son los siguientes:

Mahlah, Noa, Hoglah, Milca, Tirzah

Esta secuencia puede traducirse como:

Enfermedad, Movimiento, Codorniz, Reina, Complaciente

Este orden, en su traducción literal, puede parecer carente de sentido. Sin embargo, ¿cuál es la probabilidad de que este cambio en el orden de nacimiento de las hijas esté señalando un gran misterio oculto?

¿Qué interpretación se podría esperar de los estudiosos de la Biblia ante esto? ¿Cuáles son las probabilidades de que Moisés, al registrar este orden, estuviera escondiendo un símbolo que permaneció velado durante siglos? Este detalle resulta una prueba para el lector, indicando que esta interpretación proviene del Espíritu de la Verdad y no de la mente humana. Únicamente en una ocasión se altera el orden de nacimiento en la Biblia, y es en referencia a estas cinco hijas. Este cambio es, por tanto, un símbolo exaltado de Dios que proclama: "Observa aquí". En Números 36:11, el orden se modifica a Mahlah, Tirzah, Hoglah, Milca, Noa, y este nuevo ordenamiento puede interpretarse así:

Enfermedad, Complaciente, Codorniz, Reina, Movimiento

Este cifrado muestra el camino hacia un misterio profundamente escondido. Este estandarte de las cinco hijas fue una revelación final durante la octava lectura de la Biblia, entendida de inmediato. No fue sino hasta la quinta, sexta y séptima lectura que la revelación comenzó a manifestarse. En la octava, el Espíritu mostró a las cinco hijas, inspirando además la búsqueda de los significados de sus nombres. Al traducir esta inscripción, surgió una gran alegría, confirmando la exactitud de lo aprendido. De forma semejante, así como se desafía a comprender el estandarte de Moisés y la Vara de Dios, se lanza un reto para descubrir el significado detrás del estandarte cifrado de las cinco hijas.

Esta es una tarea difícil, pues para que el mensaje oculto en la encriptación se revele, deben surgir varias comprensiones previas. La pregunta sigue abierta: ¿qué implica "Enfermedad, Complaciente, Codorniz, Reina, Movimiento"? Para desentrañar este significado, es preciso remontarse a los primeros momentos, cuando la oscuridad cubría la faz del abismo.

3. Oscuridad y Luz

"En el principio creó Dios los cielos y la tierra. La tierra estaba desordenada y vacía, y las tinieblas estaban sobre la faz del abismo. Y el Espíritu de Dios se cernía sobre la faz de las aguas. Entonces dijo Dios: 'Hágase la luz'" (Génesis 1:1-3).

Estos versículos revelan un principio esencial y develan el misterio de los procesos creativos que subyacen a toda la existencia. En este acto inicial, las tinieblas surgen antes de la luz, un hecho que desafía las expectativas de muchos, ya que Dios es concebido como luz. Sin embargo, este orden inverso—donde la oscuridad antecede a la luz—se convierte en un enigma fascinante, digno de atención y contemplación profunda. Inspirado por este misterio, el lector puede descubrir una intención profunda en las escrituras, más allá de la narración superficial, abriéndose a los secretos de la creación en sí.

Es así que los estudiantes de la Biblia, ávidos de comprender el patrón de creación divino, suelen adentrarse en una búsqueda exhaustiva. A lo largo de este viaje de descubrimiento, se encuentran con un patrón constante: la oscuridad aparece primero, y solo luego se manifiesta la luz. Este patrón se despliega una y otra vez a lo largo de las páginas sagradas, simbolizando el ciclo de transformación del mundo natural hacia el espiritual. La insistencia en este orden sugiere la profunda conexión entre las fases de vacío y caos antes de la llegada de la claridad y el propósito.

Considerando las palabras: "Y Jehová Dios formó al hombre del polvo de la tierra (tinieblas), y sopló en su nariz aliento de vida (luz)" (Génesis 2:3), observamos la primera manifestación de este patrón en el proceso de creación de la humanidad misma. El hombre, hecho primero de materia oscura y densa, es luego imbuido con el espíritu, o luz de vida. Este mismo patrón aparece en el simbolismo del "primer Adán" (oscuridad), el ser físico, y el "último Adán" (luz), un ser espiritual y vivificante (1 Corintios 15:44-45), representando la evolución desde lo terrenal hacia lo divino.

Asimismo, en la narrativa de Caín y Abel, se repite la secuencia donde la oscuridad precede a la luz. Caín, el mayor, marcado por la envidia y la destrucción, encarna la naturaleza física y primaria, mientras que Abel, el segundo, simboliza la aspiración espiritual. La acción de Caín hacia su hermano es explicada por su alineación con la oscuridad: "Caín, que era del maligno" (1 Juan

3:12), una condición de naturaleza inferior que debe ser superada por la luz.

Una expresión simbólica de este orden aparece también en la figura de los descendientes. En el linaje de Abraham, Ismael, nacido primero, representa la oscuridad y el conflicto, mientras que Isaac, el segundo hijo y portador de la promesa, simboliza la luz. Esta secuencia desafía las convenciones de su época, donde el primogénito heredaba la autoridad; pero en el caso de Abraham, Dios elige al segundo hijo, sugiriendo una intención divina de establecer la supremacía del espíritu sobre la carne.

A través del tiempo y la experiencia humana, el patrón de oscuridad y luego luz es omnipresente, incluso en los ritmos de la vida misma. En la gestación, la vida humana surge primero en el ocultamiento del vientre, una oscuridad simbólica, y después emerge hacia la luz del mundo. Este proceso se replica en el ciclo de las estaciones, en los periodos de la historia humana, e incluso en la manera en que la creación de una idea o deseo florece primero en el silencio interno antes de su manifestación externa.

La aparición de Esaú y Jacob refuerza aún más esta secuencia. En la historia de su nacimiento, el hijo mayor, Esaú, se asocia con los Edomitas, quienes representan la oscuridad y la maldad perdurables según las escrituras (Malaquías 1:4). En contraste, Jacob, nacido después, simboliza la luz y la bendición divina, puesto que Dios se complace en él mientras rechaza a Esaú. Esta elección divina apunta nuevamente hacia una verdad oculta: la preferencia divina por lo espiritual sobre lo material, lo elevado sobre lo denso.

En el Nuevo Testamento, esta preferencia se hace aún más clara. La misión de la humanidad es transformar las tinieblas en luz, superar las limitaciones físicas para alinearse con la conciencia superior. "Para abrirles los ojos a fin de que se conviertan de las tinieblas a la luz y del poder de Satanás a Dios" (Hechos 28:16). Se trata de una lucha no solo en el plano material sino contra "principados... y los gobernadores de las tinieblas" (Efesios 6:12), lo que ilustra que la batalla es una entre la conciencia inferior y la elevación espiritual.

Este misterio, que plantea la pregunta fundamental: "¿Por qué la oscuridad es lo primero?", no se explica fácilmente a través de la lógica humana. La realidad material, sometida inicialmente a la oscuridad y al caos, debe ser moldeada a través de una energía superior hasta alcanzar la luz. Dios permite que el poder oscuro se manifieste primero en el plano físico para luego ser superado, reflejando la transición de la limitación a la expansión, de la densidad a la claridad, y finalmente, de la muerte a la vida eterna.

Así, los textos sagrados revelan una ley espiritual universal que gobierna la progresión de lo denso a lo sublime, invitando a la humanidad a una realización trascendental. Solo al comprender que el espíritu sigue siempre a la materia, que la luz sigue siempre a la oscuridad, se abre el camino hacia el propósito final: retornar a Dios, no en ignorancia sino con una conciencia iluminada.

El Misterio del Génesis

Es prudente detenerse aquí para reflexionar sobre un patrón de misterio inquebrantable que, como se ve a través de las Escrituras, parece guiar todo acontecimiento con una precisión insondable. En el inicio de este escrito se mencionó una lectura exhaustiva de la Biblia en su totalidad, aunque sin especificar la frecuencia de las lecturas específicas de los primeros capítulos del Génesis. La historia de Adán y Eva en el Jardín del Edén se repetía en la mente del lector hasta formar una suerte de visión recurrente que persistía aún en sueños. A la par de esta obsesión, se buscaba comprender por qué en la narrativa sagrada la oscuridad siempre antecede a la luz.

A través de esta lectura insistente, el interés por el simbolismo de la oscuridad aumentaba, reconociendo su presencia como primer elemento en el relato bíblico, tanto en términos de tinieblas físicas como de simbolismos negativos. No obstante, el Jardín del Edén oculta aún un secreto profundo que permanece velado. Cada vez que se volvía a esta narrativa, surgía la imagen visual de Adán y Eva en su desnudez original, consumiendo el fruto prohibido, tal como es representado en los cuadros que han intentado captar su imagen en el jardín primigenio.

Al reflexionar sobre estas representaciones, aparece una faceta humorística en la obra de Dios, quien parece velar la verdad tras la desnudez humana, consciente de que el hombre común es incapaz de ver más allá de la superficie de las apariencias. La desnudez de los primeros humanos ofrece así una clave inicial para desentrañar el enigma del Jardín y de por qué las tinieblas son invariablemente lo primero en toda creación.

La Ley Divina de Causa y Efecto

Para desentrañar la relación entre esta secuencia primordial de oscuridad, es esencial reconocer que incluso Dios opera bajo Su propia Ley Divina de causa y efecto, en la cual cada acción conlleva una reacción correspondiente. Un claro ejemplo de esta ley se encuentra en el relato del Éxodo, cuando, en cumplimiento de su justicia, Dios manda al destructor a herir a todos los primogénitos de Egipto, tanto humanos como animales (Éxodo 12:12). Este acto desencadena la correspondiente reacción de consagración de los primogénitos de Israel, hombres y bestias, como posesión divina (Éxodo 13:12). La razón detrás de esta orden la explica posteriormente Dios a Moisés, señalando que en el momento en que se hirieron a los primogénitos egipcios, Él santificó a todos los primogénitos de Israel para sí mismo (Números 3:13). Este ciclo de acción y reacción ilustra la constancia de la Ley Divina que subyace al porqué de la oscuridad inicial en el proceso de creación.

Así se entiende mejor el porqué de esta secuencia universal: en el ámbito físico, el desarrollo de la vida comienza en la oscuridad del vientre antes de emerger a la luz. Este es el modelo arquetípico que sigue el ciclo de creación, donde primero reina la oscuridad y luego surge la luz, un patrón meticuloso y constante a lo largo de la Escritura.

El Patrón de Oscuridad y Luz Bíblico

Al observar la historia de Rebeca, quien llevaba gemelos en su seno, se nota que esta ley se manifiesta con precisión. El primer gemelo en nacer representa a los hijos de la oscuridad, mientras que el segundo simboliza a los hijos de la luz. De manera similar, cuando Noé soltó dos aves, primero envió al cuervo negro, símbolo de tinieblas, seguido de la paloma blanca, emblema de paz y claridad. La enseñanza de Pablo en Corintios también resuena con esta ley: "El primer hombre era de la tierra, hecho de polvo (tinieblas). El segundo Hombre es el Señor del Cielo (Luz)" (1 Corintios 15:47). En cada caso, se constata que la oscuridad, representada por lo negativo o imperfecto, precede a la luz y lo positivo.

Este modelo es inalterable y aparece una y otra vez en la Biblia, sin importar las circunstancias. Aun cuando se introduce un pacto o una promesa, siempre se presenta primero uno imperfecto antes de dar paso a una esperanza o pacto superior: "Porque la ley no perfeccionó nada; en cambio, hay una mejor esperanza por la cual nos acercamos a Dios" (Hebreos 7:19). Así, el diseño eterno sigue su curso, mostrando que, aunque las palabras pueden variar, la secuencia de oscuridad seguida de luz permanece como constante en la narrativa sagrada.

Así, la comprensión del patrón de oscuridad y luz que impregna las Escrituras nos revela una verdad profunda sobre el proceso de creación y transformación espiritual. Este entendimiento sienta las bases para adentrarnos en el misterio del Jardín del Edén, donde el orden establecido parece invertirse, invitándonos a cuestionar nuestras suposiciones y a buscar un significado más profundo.

4. Orden en el Jardín del Edén

Se revela que el texto bíblico y la existencia física siguen, en general, el modelo de la creación, a excepción de la historia de Adán y Eva en el Jardín del Edén. En dicho jardín, todo era bueno inicialmente, y el mal surgió después. Esto difiere notablemente del esquema que domina la realidad física y la estructura bíblica, donde la oscuridad precede a la luz. Este patrón inusual en el Jardín del Edén representa un gran enigma, porque aquí la luz aparece primero y luego le sigue la oscuridad, un entendimiento atribuido al Espíritu de la Verdad. Se trata, entonces, de un misterio que desafía el modelo de la creación: en el ámbito físico, las tinieblas anteceden a la claridad.

La narrativa de Dios en la Biblia generalmente sitúa la oscuridad antes de la luz, siguiendo un patrón constante excepto en el relato de Adán y Eva en el jardín. En este espacio, el árbol de la vida (representación de la luz) aparece antes que el árbol del conocimiento del bien y del mal (símbolo de oscuridad). Este orden inusual en el Edén se revela como la segunda clave para comprender por qué, en el plano físico, la oscuridad precede a la luz. La clave para desentrañar este misterio reside en la palabra "opuesto". La ley divina, como afirma: "Para toda acción, existe una reacción igual y opuesta", expone la naturaleza dual de esta secuencia. El primer indicio de este enigma fue la condición de Adán y Eva en un estado de desnudez, donde no existía la muerte ni el sufrimiento. Se exhorta, entonces, a detenerse y reflexionar profundamente sobre estos elementos, a cuestionar por qué el modelo del Jardín del Edén no coincide con el patrón seguido en el resto de la creación divina.

Existen, pues, dos patrones distintos. A través de toda la Biblia, el esquema de la creación es que la oscuridad antecede a la luz; en cambio, en el Jardín del Edén, el bien existía primero. Esto es también visible en la frase "el bien y el mal", un orden que contradice la realidad física, donde lo oscuro o maligno antecede a lo bueno. David, el rey, revela una tercera pista en el Salmo 119:18-19 cuando pide a Dios que le abra los ojos para percibir las maravillas de Su ley, llamándose a sí mismo un "extranjero en la tierra". Este término implica que el estado humano en la Tierra es peculiar y ajeno. A través de la contemplación constante de estas pistas, tal como el autor lo hizo durante largos años, se puede comenzar a captar los misterios profundos del Edén.

El modelo humano enseña que el Jardín del Edén estaba en la Tierra y que Adán y Eva, en un tiempo donde no existía la muerte, estaban desnudos. Luego, al consumir el fruto prohibido, introdujeron la muerte en la humanidad. Así, hoy todos nacen con la marca del pecado original, muriendo eventualmente debido a esa acción ancestral. No obstante, esta es una enseñanza humana; la Biblia ofrece una visión distinta.

Así, la Biblia presenta dos patrones: uno constante, donde la oscuridad precede a la luz, y el patrón del Jardín del Edén, en el que el bien aparece antes que el mal. Este segundo modelo permanece oculto, contraviniendo la estructura que domina la creación, sugiriendo una época en la que la luz dominaba. La dualidad de estas transcripciones es evidente: Génesis 1 y Génesis 2 representan dos relatos separados de la creación, con métodos opuestos en el proceso creativo. La comprensión de la ubicación y el propósito del Jardín del Edén queda oculta en esta disonancia.

Génesis 1 narra el proceso de creación como una secuencia donde Dios primero trae la vegetación y, luego, el hombre. Este orden responde a la necesidad de que el entorno provea lo esencial para la vida humana. Sin embargo, en Génesis 2, Dios crea al hombre antes que los árboles y las plantas, presentando un escenario sin oxígeno, en el cual la humanidad surge antes que el entorno vital. Esta narración en el Jardín del Edén muestra una etapa en la que el bien existía primero, un tiempo anterior al advenimiento del mal y la oscuridad.

La conexión entre Génesis capítulo 1 y capítulo 4 revela la realidad física y refuerza el patrón divino de que la oscuridad es el primer estado de todas las cosas. En Génesis 1, Dios crea el mundo con orden, haciendo que la tierra dé hierba y árboles frutales antes de cualquier otro ser, y declara que todo es bueno. Sin embargo, el árbol del conocimiento no es mencionado entre las plantas físicas de la creación. De este modo, se entiende que el árbol del conocimiento del bien y del mal no pertenece al ámbito físico, sino que representa una entidad que emerge en otro plano.

Este misterio se manifiesta en una creación doblemente ordenada: la primera representa el esquema universal de que la oscuridad antecede a la luz, mientras que el segundo patrón, particular al Jardín del Edén, representa un ámbito donde el bien existía antes del mal, un ámbito alejado del curso ordinario de la creación física. Ambos relatos de la creación, entonces, no sólo son diferentes sino opuestos. En Génesis 1, los árboles y los animales preceden al hombre, mostrando el ciclo natural en el cual la oscuridad, o la etapa latente de la existencia, precede a la vida activa. En el Edén, en cambio, el hombre es creado primero en un entorno donde el bien prevalece, pero este bien será seguido inevitablemente por el advenimiento del mal.

Así, se revela que la historia de Adán y Eva en el Jardín del Edén no sólo está en contraste con el patrón divino, sino que introduce un tiempo en el que el bien y la vida prevalecen en un ámbito opuesto al resto de la realidad. En este sentido, la Biblia completa sirve para dilucidar el misterio del Jardín, exponiendo un ámbito que contradice la secuencia de creación que generalmente sigue Dios en la Biblia. Tal como fue mostrado al autor por el Espíritu de la Verdad, la distinción entre Génesis capítulo 1 y capítulo 2 se presenta como una alegoría, una narración que oculta significados profundos bajo la apariencia literal de su relato. La conclusión es que el misterio del Edén sigue siendo una enseñanza fundamental en el que la luz precedió al conocimiento del bien y del mal, desafiando la percepción común del orden de la creación.

5. Desentrañando el Jardín del Edén

Ahora se examinará la manera en que el poder divino oculta el enigma del Jardín del Edén, revelando el misterio de la caída humana desde el Paraíso. Se explorará cómo la Sagrada Escritura relata, a través de alegorías, aquello que ha permanecido velado desde los albores de la creación, y se desentrañará el simbolismo detrás del árbol del conocimiento del bien y del mal, y la razón por la cual las tinieblas fueron lo primero en la existencia.

Contemplando el espacio, basta con extender el brazo y observar la uña del pulgar; en esa minúscula porción, se estima que existen miles de galaxias, cada una conformada por millones de estrellas, extendiéndose en distancias inconmensurables. En el libro de Job, se describe así esta vastedad: "Él solo extiende los cielos y camina sobre las olas del mar. Él creó la Osa, Orión y las Pléyades, y las cámaras del sur. Él hace cosas grandiosas e insondables, maravillas que no se pueden enumerar" (Job 9:9-10).

Una de esas maravillas divinas es el viaje de los hijos de Israel, cargado de simbolismo. A través de este relato, se revela cómo el poder supremo comunica y oculta la sabiduría mediante experiencias físicas que contienen profundos misterios. En el viaje de Israel hacia la tierra prometida se oculta conocimiento sagrado, y el siguiente diagrama representa un esquema de la Ley Divina:

- 12 Horas de Oscuridad - 12 Horas de Luz

- 12 Tribus de Israel - 12 Apóstoles de Jesús

- Jerusalén Física - Jerusalén Espiritual

- Primera Reunión - Segunda Reunión

- Antiguo Testamento - Nuevo Testamento

El Antiguo Testamento, situado en el lado de la oscuridad, precede la venida de Jesús, quien es la luz del mundo. En este simbolismo, las 12 tribus de Israel se sitúan en las tinieblas previas a la llegada de esa luz redentora, como se refleja en las Escrituras: "El pueblo que habitaba en tinieblas ha visto gran luz; a los que habitaban en tierra de sombra de muerte, la luz les resplandeció" (Mateo 4:16).

Según el diagrama, la primera reunión se asocia con las 12 tribus de Israel, representando las 12 horas de oscuridad. La segunda reunión, reflejada en los 12 apóstoles, representa las 12 horas de luz. En la primera, el poder divino, partiendo de un hombre, Abraham, construye un pueblo que es llevado a una Tierra Prometida, prefiguración de una promesa espiritual que está aún por cumplirse. Así como la luz sigue a la oscuridad, también hay una segunda reunión en la que Dios, a partir de Jesucristo, edifica un nuevo ejército destinado a recibir la promesa final.

Este es el contexto en el cual se describe la vida en la tierra tras la expulsión del hombre del Edén: "Un horror de grandes tinieblas cayó sobre Abram. Y le dijo Dios a Abram: 'Sabe con certeza que tus descendientes serán extranjeros en una tierra que no es suya, donde serán esclavizados y afligidos por cuatrocientos años. Sin embargo, yo juzgaré a la nación a la cual servirán, y después saldrán con grandes posesiones. En la cuarta generación volverán aquí, pues aún no se ha cumplido la iniquidad de los amorreos'" (Génesis 15:12-14, 16). Estas palabras, entendidas como una alegoría, revelan secretos que se aplican a los ciclos de la existencia humana, desde el inicio hasta el final. A este pasaje se volverá para profundizar en su significado.

La verdadera ubicación del Jardín del Edén se ha debatido en diversas interpretaciones. Aunque muchos creen que se encontraba en la Tierra, las Escrituras no lo confirman de manera explícita. Ezequiel proporciona una descripción clave para localizarlo: "Hijo de hombre, entona una lamentación sobre el rey de Tiro, y dile: 'Así dice el Señor: Tú eras el sello de la perfección, lleno de sabiduría y de belleza perfecta. Estabas en Edén, el jardín de Dios. Toda piedra preciosa era tu vestidura… Estabas en el monte santo de Dios, caminabas entre piedras de fuego… Por eso te arrojé del monte de Dios como a algo profano'" (Ezequiel 28:13-16). Aquí, términos como "monte santo de Dios" y "piedras preciosas" son esenciales para entender la verdadera ubicación del Edén. Al seguir estas palabras, se encuentra en Apocalipsis una imagen complementaria: "Y me llevó en el Espíritu a un monte grande y alto, y me mostró la gran ciudad, la santa Jerusalén, descendiendo del cielo, de Dios, teniendo la gloria de Dios. Su luz era como una piedra preciosa… Los cimientos de su muro estaban adornados con toda clase de piedras preciosas" (Apocalipsis 21:10-11).

¿Dónde, entonces, se sitúa el Edén? La descripción de Génesis habla de un río que salía del Edén para regar el huerto (Génesis 2:10). Este concepto encuentra una representación simbólica en Apocalipsis: "Y me mostró un río limpio de agua de vida, claro como el cristal, que procedía del trono de Dios y del Cordero" (Apocalipsis 22:1). La creencia de que el Jardín del Edén se encuentra en algún punto físico en la Tierra sigue persistiendo, pero la verdadera esencia del Edén parece estar relacionada con lo espiritual, más allá de la ubicación física.

Es fundamental recordar que en el Jardín del Edén prevalecían la luz y el bien hasta la caída de Adán y Eva, momento en el cual las tinieblas entraron en la creación. Dios no eliminó el Árbol de la Vida; en cambio, expulsó al hombre del paraíso para evitar que accediera a él en su estado caído. Jesús mismo dice: "Al que venciere, le daré a comer del árbol de la vida que está en medio del paraíso de Dios" (Apocalipsis 2:7).

En el transcurso de los escritos sagrados, el patrón de oscuridad seguida por la luz se mantiene constante, salvo en el Edén, donde el bien fue el estado original. Allí, Adán y Eva carecían de muerte y no experimentaban vergüenza. Al consumir del Árbol del Conocimiento del Bien y del Mal, la humanidad se abrió a un nuevo conocimiento y, desde entonces, fue expulsada para no acceder al Árbol de la Vida y vivir eternamente en su estado de caída. Génesis describe este momento: "He aquí que el hombre ha venido a ser como uno de nosotros, conociendo el bien y el mal. Ahora, para que no extienda su mano y tome del árbol de la vida y coma y viva para siempre… El Señor Dios lo expulsó del Jardín del Edén y colocó querubines al oriente, y una espada encendida que giraba en todas direcciones, guardando el camino al árbol de la vida" (Génesis 3:22).

Esta expulsión marca el inicio de la separación del hombre de la divinidad y una vida de dualidad, hasta que, como dice Apocalipsis: "Al que venciere, lo haré columna en el templo de mi Dios, y nunca más saldrá" (Apocalipsis 3:12).

6. Revelaciones del Arca

En el proceso de búsqueda de comprensión sobre los misterios divinos, a veces las revelaciones surgen de la forma más inesperada. La persistencia en la lectura y meditación sobre los textos sagrados puede llevar a una serie de hallazgos que, aunque en un principio puedan resultar confusos, eventualmente revelan profundos significados. Al llegar a una séptima lectura de la Biblia, la mente se satura de fragmentos y pistas, y sin embargo, el verdadero sentido aún permanece oculto. Tal fue el caso en torno a la pregunta sobre el orden de la creación, específicamente: ¿por qué la oscuridad precede a la luz?

El relato de Adán y Eva, leído incontables veces, sigue evocando imágenes convencionales de pinturas que los representan desnudos en el Edén, mordiendo el fruto prohibido. Según el entendimiento común, esta acción estaría simbolizando el pecado original, comúnmente asociado con la sensualidad o el deseo. No obstante, el cuestionamiento permanece: "¿Por qué la oscuridad es lo primero?". Este enigma perduró hasta el día en que la contemplación se dirigió hacia el árbol de la vida, el cual aparece en el Génesis, capítulo 3, versículo 24. Aunque la mente había reflexionado sobre este símbolo en muchas ocasiones, aquella vez surgió una insistente petición a lo divino para que se revelase el sentido de este misterio, rogando ver en las Escrituras el movimiento del árbol de la vida de la tierra al cielo, un símbolo guardado por una espada flamígera que la mente deseaba comprender.

Así, en una noche de profunda introspección, los pensamientos continuaron hasta la extenuación, hasta que el sueño se apoderó del buscador. En ese espacio entre el sueño y la vigilia, cuando el alma se encuentra suspendida entre el mundo físico y el espiritual, resonó una voz con claridad: "Examina los árboles de la tierra". Fue entonces que se vislumbró la verdad: Dios, en su acto de creación, había dispuesto el mundo físico como un reflejo opuesto de la realidad espiritual.

"Y viendo la mujer que el árbol era bueno para comer, que era agradable a los ojos y deseable para alcanzar sabiduría, tomó de su fruto y comió. Dio también a su marido, y él comió. Entonces se abrieron los ojos de ambos y se dieron cuenta de que estaban desnudos" (Génesis 3:7). La desnudez, entonces, simboliza la revelación de los espíritus sin carne. Este pasaje sucede en un ámbito espiritual, y en esta realidad, el bien y la luz son lo primero, con el mal y la oscuridad apareciendo después. Sin embargo, en la realidad física, este orden se invierte, la oscuridad se manifiesta antes de la luz.

La creación física, entonces, podría entenderse como una inversión de la realidad espiritual original. Los seres fueron formados en la luz espiritual, pero ahora, por una precisa ley divina, están moldeados en la oscuridad física. Este concepto es esencial para comprender que el pecado original sucedió en el reino espiritual. Allí, Satanás, en una realidad no física, introduce una mentira que causa la caída de los espíritus hacia la mortalidad, hacia el reino de la carne y la muerte. Para redimir esta caída, según la ley de la reacción divina, Jesús, portador de la verdad, surge en el plano físico para restaurar a los seres al reino espiritual y a la vida eterna. En esta gran inversión, Satanás fue el segundo en la realidad espiritual, volviéndose el primero en la realidad física; Jesús, sin embargo, aparece como segundo en la realidad física y, con sus últimas palabras en la cruz, "Consumado es", completa la obra divina de reconciliación.

Volviendo al relato del Edén en el plano espiritual, puede imaginarse el acto de Satanás como una tentación hacia los espíritus, usando el árbol del conocimiento para desviar su pureza. El fruto prohibido abriría los ojos de los espíritus, haciéndoles conscientes de su desnudez, y de su potencial para experimentar lo físico. Quizá esta conciencia simboliza el conocimiento del bien y el mal, y Satanás, en este escenario, podría estar sugiriendo que Dios les oculta estas experiencias de vida carnal y libertad de elección. Al revelar esta posibilidad, Satanás incita un ardiente deseo en los espíritus: "¡Queremos ser físicos!". A esta demanda, Dios advierte sobre las consecuencias, decretando la muerte. Sin embargo, ante su insistencia, Dios permite que los espíritus cumplan su deseo, otorgándoles cuerpos y, al mismo tiempo, concediendo a Satanás el dominio sobre la carne en el mundo físico.

La escena donde Satanás ofrece a Jesús el dominio sobre todos los reinos del mundo, afirmando que esta autoridad le ha sido concedida, revela esta dinámica. Satanás no solo mostró a Jesús los reinos terrenales, sino que también desplegó esa visión ante los espíritus en el Edén, desencadenando una ley divina que ahora se manifiesta en la materia. Esta ley de atracción, también discutida en obras como "El Secreto", se menciona en la Biblia cuando Jacob utiliza ciertas técnicas para influir en los nacimientos del ganado, reflejando cómo los deseos manifestados en la mente pueden producir efectos en el plano material.

Revisando nuevamente el Edén en un sentido literal, el Creador sitúa a los espíritus en un ámbito espiritual de perfección, advirtiéndoles sobre el árbol del conocimiento del bien y del mal. El consumo del fruto provoca la apertura de sus ojos, llevándolos a percibir su desnudez en el sentido de espíritus carentes de forma física. Dios entonces decreta una serie de consecuencias para Adán y Eva, que son los efectos de haber adquirido forma carnal: el esfuerzo para subsistir y el dolor en la procreación, realidades ligadas a la existencia física. Finalmente, Dios crea túnicas de piel para los humanos, dotándoles de carne, huesos y tendones, como lo expresa Job: "Vísteme de piel y carne, y úneme de huesos y tendones" (Job 10:11).

En la tradición judía, la repetición de ciertas palabras en las Escrituras sugiere un significado oculto o un mensaje codificado. En el caso de la historia de Adán y Eva, la palabra "desnudo" se repite como símbolo de la condición de los espíritus. Pablo, en su segunda carta a los Corintios, también se refiere a esta desnudez, explicando que la verdadera morada del ser es una casa eterna en los cielos, a la cual los espíritus retornarán después de haber estado revestidos de carne. Salomón invita a entender estos enigmas, mientras que el libro de Job y el Eclesiastés también aluden a esta desnudez como símbolo del estado original y final del espíritu.

La Jerusalén celestial, identificada en las Escrituras como la Madre de todos, es el Edén espiritual, el lugar de origen y retorno de todos los seres. En este contexto, el Edén no es solo un jardín en la Tierra, sino un símbolo del hogar espiritual eterno al cual los espíritus regresarán, purificados y conscientes de su verdadera esencia.

El relato del viaje de los hijos de Israel revela un simbolismo profundo en la relación entre el hombre y el propósito divino. Se ha dicho a Abram: "Sabe con certeza que tu descendencia será extranjera en una tierra que no es suya; les servirán y los afligirán durante cuatrocientos años. Pero también juzgaré a la nación que sirvan, y después saldrán con grandes posesiones... Sin embargo, en la cuarta generación volverán aquí, pues aún no se ha consumado la iniquidad de los amorreos" (Génesis 15:13-16).

Para comprender el sentido interno de esta travesía, uno debe considerar el estado de Abram, quien recibe este mensaje mientras se encuentra en la Tierra Prometida. La tierra que Abram pisa simboliza la verdadera Promesa, la ciudad inmutable y eterna cuya esencia proviene de Dios. Al decir que "en la cuarta generación volverán aquí", se establece un lenguaje simbólico que remite a lo expresado en Hebreos: "Por la fe, Abraham obedeció y salió hacia el lugar que recibiría por herencia... porque anhelaba la ciudad con fundamentos, cuyo arquitecto y constructor es Dios... Todos murieron en la fe sin haber recibido las promesas, pero las vieron y se convencieron de ellas, confesando que eran extranjeros y peregrinos en la Tierra" (Hebreos 11:13).

El relato bíblico ofrece una visión de grandes misterios a través del viaje de los hijos de Israel, ejemplificado en Génesis 15:12-16. La oscuridad que cae sobre Abram simboliza las doce tribus de Israel, mientras que la revelación divina sobre la "tierra que no es suya" señala la caída espiritual de la humanidad. Tal como los israelitas se convirtieron en extranjeros en Egipto, también el hombre se vuelve extranjero en la experiencia física, pues es un ser espiritual. La aflicción de "cuatrocientos años" simboliza la opresión continua de la humanidad por las fuerzas negativas, representadas en Egipto por Faraón y sus capataces. En el juicio divino sobre Egipto, que termina en la destrucción en el Mar Rojo, se anuncia la caída de las fuerzas opresoras.

La salida de Israel con "grandes posesiones" apunta a la liberación espiritual, prefigurada en el Arrebatamiento: "Cómo te llevé en alas de águila y te traje a Mí" (Éxodo 19:4).

El texto habla también del retorno de Israel en la "cuarta generación", una referencia al regreso a la realidad espiritual de la que la humanidad procede: "El que venza… no saldrá más" (Apocalipsis 3:12). De igual modo, "la iniquidad de los amorreos" se completa con la plenitud del tiempo, "para reunir en Cristo todas las cosas" (Efesios 1:10). Aquí se sugiere un proceso de redención en el que cada alma vuelve a su origen, al comprender que la experiencia terrenal es una fase transitoria.

Observando el concepto del arrebatamiento, se menciona la idea de ser "tomado" o "dejado", como en Mateo: "Dos hombres estarán en el campo; uno será tomado y el otro dejado" (Mateo 24:40). Este simbolismo enfatiza la naturaleza transitoria de la experiencia física, pues "somos extranjeros en esta Tierra, seres espirituales en una vivencia material". Hebreos también alude a esta verdad cuando describe a Jesús tomando carne y sangre para vencer al que tiene el poder de la muerte (Hebreos 2:14), evocando el regreso a la armonía original del Edén. Así, en el mandato de Dios sobre el árbol del conocimiento del bien y del mal, se revela la elección entre la realidad espiritual (árbol de la vida) y la experiencia física de dualidad y muerte, ligada al árbol del conocimiento.

El viaje de Israel simboliza entonces un proceso de purificación y redescubrimiento de la verdadera esencia espiritual. Dios, al usar la historia del pueblo de Israel, también revela el misterio del fruto prohibido, señalando la conexión entre las experiencias físicas y la comprensión espiritual. Se muestra aquí cómo la humanidad ha sido hipnotizada, cubierta por un velo que Isaías describe: "Destruirá en este monte la superficie de la cubierta echada sobre todos los pueblos, y el velo que está extendido sobre todas las naciones" (Isaías 25:7).

Este "hipnotismo" es algo con lo que se nace, y solo la iluminación espiritual puede disiparlo. La escena que se menciona de Abram simboliza ese breve estado de claridad en el que el alma se despierta a su realidad espiritual. Como dijo Jacob al recibir la revelación en Betel: "Ciertamente el Señor está en este lugar, y yo no lo sabía" (Génesis 28:16). Este despertar es similar a la profecía de que el cetro no se apartará de Judá hasta que venga Siloh, el cual es un símbolo de paz y plenitud espiritual (Génesis 49:10).

Un evento destacado relacionado con el arca en Silo sugiere esta llamada divina a prestar atención. Cuando el arca fue capturada por los filisteos, un acto imposible para cualquier otro sin que le costara la vida, Dios permitió que sucediera para transmitir un mensaje a todos. La captura y sus consecuencias, que trajeron enfermedades a los filisteos, revelan una intervención divina en el ámbito físico para señalar la necesidad de volver a lo espiritual. La prueba que realizaron, con el arca en un carro tirado por vacas salvajes, ilustra esta búsqueda de certeza: si el arca regresaba por sí misma a Bet Semes, entonces se demostraría que la desgracia venía de la mano de Dios (1 Samuel 6:7-9).

Este relato concluye en la percepción de lo milagroso como un mensaje directo de Dios. La arca en Silo, capturada y luego devuelta, representa un emblema de la intervención divina que habla al hombre de una realidad que trasciende lo visible. Este evento resalta cómo Dios utiliza experiencias físicas para mostrar verdades profundas. La interpretación del viaje de los hijos de Israel y la relación entre el hombre y su destino espiritual está encapsulada en la capacidad de ver, de trascender las apariencias y de comprender los grandes misterios que están ocultos bajo el velo del tiempo y la materia.

El Arca de Dios y la Profecía Bíblica

La escena del arca de Dios representa un evento monumental establecido por mandato divino. Este episodio, profético en esencia, simboliza una promesa aún por cumplirse ("hasta que llegue Silo"), y encarna una manera en que Dios comunica un mensaje a través de una experiencia concreta. Este acto invita a la reflexión: ¿cuál es el destino del arca, llevada por vacas no domesticadas? ¿Es llevada a Moisés, representante de los judíos, o a Ismael, que simboliza a los musulmanes? El hecho de que las vacas fueran "salvajes" deja abierto el enigma, evocando incluso la posible inclusión de otras figuras religiosas, como Buda. Todo parece alinearse con la profecía: "Hasta que venga Siloh y a él se reúna el pueblo" (Génesis 49:10). Este anuncio también encuentra eco en 1 Samuel 6:12, cuando el arca es llevada directamente a Bet Semes, hasta detenerse "junto a una gran piedra".

La imagen profética, que anticipa el momento en que "venga Siloh y a Él será la reunión del pueblo", encuentra su realización en Jesucristo, conocido en hebreo como Josué. Aquellos que deseen comprender por qué las vacas salvajes condujeron el arca de Dios hasta Josué, encontrarán clave en los versículos específicos de Éxodo 24:2,13,14; Éxodo 33:8,10,11; y Números 27:18, todos del NKJ, puesto que la sabiduría profunda que subyace en estas escrituras se desvanece en traducciones simplificadas.

Sin embargo, el propósito de esta interpretación no es únicamente exponer el simbolismo de la escena, sino revelar cómo Dios utiliza situaciones tangibles para desentrañar los misterios escondidos en Sus palabras.

El Árbol del Conocimiento del Bien y el Mal

La atención ahora recae en el árbol del conocimiento del bien y del mal. Según la narrativa en Génesis 3:6, "viendo la mujer que el árbol era bueno para comer, que era agradable a los ojos y deseable para alcanzar la sabiduría, tomó de su fruto y comió". Este árbol, deseado por su promesa de sabiduría, encierra en su fruto el conocimiento que lleva a la muerte. Así se desvela un profundo enigma: si el árbol confiere sabiduría, ¿por qué fue prohibido, cuando tantas otras enseñanzas promueven el conocimiento? "El corazón del que tiene entendimiento busca el conocimiento" (Proverbios 15:14), y "El conocimiento es agradable a tu alma" (Proverbios 2:10). Entonces, ¿por qué este árbol particular trae muerte?

La contradicción es aparente también en Proverbios 24:5, que declara: "El hombre de conocimiento aumenta la fuerza". Entonces, ¿qué significa realmente el fruto del árbol prohibido? La revelación de esta pregunta llegó en sueños, en los que se iluminó cómo leer este mensaje en la Escritura. A través de este conocimiento oculto se hizo clara la urgencia de compartir esta advertencia, pues muchos, buscando sabiduría, han sido cegados por una verdad falsa, apartándose del mensaje de Jesucristo y sucumbiendo al poder ilusorio de la mentira, simbolizado en este árbol del conocimiento.

La Naturaleza del Fruto Prohibido

Salomón, en su sabiduría, proclamó que "no hay nada nuevo bajo el sol" (Eclesiastés 1:9-11), dejando claro que todo lo espiritual tiende a replicarse en lo físico. Así, las fuerzas de oscuridad hoy presentan el fruto del árbol como la verdad definitiva, engañando a muchos. Pero, ¿cuál es en verdad la esencia de este fruto? Tradiciones populares sugieren que fue una manzana, una creencia tan extendida que incluso el nudo en la garganta se denomina "manzana de Adán". Sin embargo, es crucial trascender estas interpretaciones culturales y aferrarse a la sabiduría de las Escrituras.

Jeremías 15:16 ofrece una perspectiva enigmática: "Fueron halladas tus palabras, y yo las comí; y tu palabra fue para mí alegría y regocijo de mi corazón". A través de esta afirmación, la Escritura nos invita a comprender el fruto prohibido no como un objeto físico sino como un concepto más profundo, cuyo poder engañoso sigue vigente en el mundo.

Este relato expone una verdad espiritual que desafía la visión ordinaria. El árbol del conocimiento, con su promesa de entendimiento, simboliza una sabiduría que no nutre sino que desvía, atrayendo con su apariencia a quienes buscan la verdad y el sentido en las palabras eternas. La sabiduría que encierra es aquella que, cuando es mal interpretada, lleva a la ceguera y la muerte, en contraste con la vida y la fortaleza que la auténtica sabiduría de Dios confiere.

El Arca de la Alianza se presenta entonces como un símbolo potente del recorrido espiritual que atraviesa la humanidad, un trayecto que va desde la caída inicial hasta el eventual proceso de redención. A lo largo de su historia y de los episodios que la rodean, es posible discernir la intervención divina dirigiendo a su pueblo elegido y, a través de ellos, iluminando el camino hacia una comprensión más profunda de su propósito para toda la humanidad. A la luz de estas revelaciones, se puede proceder a examinar el significado del árbol del conocimiento del bien y del mal, y su relación con lo que constituye el verdadero alimento espiritual.

7. El bien y el Mal

Para desvelar el enigma del árbol del conocimiento del bien y del mal, se requiere una inmersión profunda en las Escrituras. Iniciaremos observando la verdad que habita en Jesús. Las enseñanzas del adversario distorsionan cada verdad acerca de Jesús, apropiándoselas como suyas. La iglesia imparte el conocimiento básico de la salvación a través de Cristo y su sacrificio en la cruz, enseñanza que el Apóstol Pablo validó: "Y yo, hermanos, no pude hablarles como a espirituales, sino como a carnales, como a niños en Cristo. Los he alimentado con leche y no con alimento sólido, porque hasta ahora no han sido capaces de recibirlo, y aún ahora no son capaces porque todavía son carnales, como niños en Cristo" (1 Corintios 3:1). Aunque estas palabras fueron escritas hace dos milenios, hoy el lector es ya mayor de edad y en busca de alimento sólido: "Pero el alimento sólido pertenece a los mayores de edad, es decir, a los que por el uso tienen los sentidos ejercitados para discernir el bien y el mal" (Hebreos 5:14). Para reconocer la verdad en Jesucristo, es necesario analizar a fondo la falsedad. Los cristianos, especialmente, pueden hallar difícil esta verdad inicialmente, pero con la mirada de discernimiento que Pablo recomendó, es posible distinguir lo verdadero de lo falso. Lo que Jesús encarna representa el alimento sólido de las Escrituras, y se exhorta al lector a abrirse a descubrir esa verdad escondida en Él.

La misión de Jesús en la tierra fue restablecer el orden; lo resumió ante Pilato diciendo: "Para esto he venido al mundo, para dar testimonio de la verdad" (Juan 18:37), a lo que Pilato replicó: "¿Qué es la verdad?" (Juan 18:38). Para quienes reconocen a Jesús como la verdad, surge una interrogante profunda: ¿qué significa realmente? La Ley Divina es clara: el adversario introdujo la mentira en el ámbito espiritual, provocando así la caída de la humanidad al plano físico y hacia la muerte. Para restablecer el equilibrio, una ley estricta dicta el proceso inverso: Jesús, actuando en el plano físico, afirma la verdad, guiando de nuevo al ámbito espiritual y a la vida eterna. Al examinar esta mentira de origen espiritual que llevó a la caída, vemos su conexión directa con el árbol del conocimiento del bien y del mal. El mandamiento de Dios advertía que comer de él traería muerte; sin embargo, el adversario aseguró a Eva que no moriría. Si la mentira está relacionada con el árbol del conocimiento, entonces la verdad de Jesús se vincula al árbol de la vida. Esta contraposición revela que el adversario simboliza el conocimiento del bien y del mal, mientras Jesús representa el árbol de la vida. La profundidad de esta revelación se hará evidente.

En el evangelio de Juan, se encuentra un estandarte divino, algo que indica una enseñanza especial. Aunque Jesús realizó múltiples milagros, solo uno en particular atrajo una atención extraordinaria de los líderes judíos, y se narra en Juan 9. Este milagro –la sanación de un hombre ciego de nacimiento– fue objeto de intensa investigación, más allá de cualquier otro. Los líderes judíos indagaban sin cesar, preguntando: "¿Cómo abrió Jesús los ojos al ciego?" Incluso llamaron a los padres del hombre para confirmar su ceguera de nacimiento, mostrando una y otra vez la misma inquietud: "¿Cómo abrió Jesús los ojos al ciego?". Este relato deja ver que Dios emplea experiencias tangibles para ilustrar conocimiento. Para captar lo que quiere comunicar en esta escena de Juan 9, es necesario examinar los detalles.

En este pasaje, los discípulos preguntaron: "Rabí, ¿quién pecó, éste o sus padres, para que haya nacido ciego?" a lo que Jesús respondió que no era cuestión de pecado, sino de una oportunidad para manifestar las obras de Dios. Escupiendo en la tierra, creó barro y lo aplicó sobre los ojos del ciego, instruyéndole a lavarse en el estanque de Siloé. El ciego obedeció y, tras lavarse, recobró la vista. Aquí se introducen los símbolos, definidos como "signos con significados específicos" que representan otra realidad. Dios declaró a través del profeta Oseas: "He dado símbolos por medio del testimonio de los profetas" (Oseas 12:10). La sanación del ciego, una manifestación de las obras divinas, está codificada en símbolos; el acto de Jesús revela un misterio oculto en la verdad de Cristo.

El Apóstol Pablo lo explicó: "Hablamos la sabiduría de Dios en misterio, la sabiduría oculta que Dios dispuso antes de los siglos para nuestra gloria, la cual ninguno de los gobernantes de este siglo conoció" (1 Corintios 2:7-8). El milagro de Juan 9 apunta al poder divino tras las obras de Dios. La ciencia podría referirse a este principio como una "Teoría Unificada del Todo".

Isaías lo expresó con precisión en un pasaje que desafía a comprender profundamente: "Aquí un poco, allí un poco" (Isaías 28:13). Este concepto de conocimiento oculto se reitera en Job: "Acuérdate de magnificar Sus obras de las cuales han cantado los hombres" (Números 21:17). Y más adelante, en otro pasaje de Job, se describe la creación divina a través de la lluvia y los truenos como una declaración de las obras de Dios. Así, al observar los misterios ocultos, el lector percibe un sentido en las palabras del profeta sobre los "símbolos" de Dios, los cuales, a través de las fuerzas de la naturaleza, revelan su acción y su esencia.

El mismo libro de Job describe el proceso minucioso de extraer recursos preciosos, como la plata y el oro, en una analogía de la búsqueda de la sabiduría, que "no está en la tierra de los vivientes". Esta sabiduría, que ni el abismo ni el mar contienen, permanece oculta a todos excepto a Dios, quien la entiende y la declara. De la misma manera, Isaías llama a las almas sedientas a "venir a las aguas" y recibir el alimento espiritual del alma. El escritor de Job, en su poesía sublime, resalta la magnitud del misterio oculto, revelando en la lluvia y el trueno el soplo de Dios.

El manantial de sabiduría se presenta en la Biblia como un "arroyo que fluye" (Proverbios 18:4), el cual Jesús señala cuando envía al ciego al estanque de Siloé. Una vez comprendida esta verdad, se está más preparado para entender el fruto del árbol de la ciencia del bien y del mal.

Los salmos también aluden al conocimiento secreto, como en las palabras de David: "Porque tu verdad llega hasta las nubes" (Salmo 57:10) y "Su fuerza está en las nubes" (Salmo 68:34). Este simbolismo de las nubes se conecta con el versículo: "El que habita en el lugar secreto del Altísimo morará bajo la sombra del Todopoderoso" (Salmo 91:1), aludiendo a un refugio en lo oculto. Otro pasaje expresa: "Te respondí en el lugar secreto del trueno" (Salmo 81:7), todos ellos apuntando al misterio que se despliega en la obra de Jesús con el ciego y el estanque de Siloé.

Así, el acto de escupir en la tierra revela, en clave simbólica, la naturaleza de la Palabra de Dios, que cae como la lluvia y la nieve del cielo: "Así será Mi palabra que sale de Mi boca" (Isaías 55:10-11). Esta Palabra viva y eficaz penetra hasta el alma misma (Hebreos 4:12), expresada también por Moisés en sus palabras: "Que mi enseñanza caiga como la lluvia, que mi discurso destile como el rocío" (Deuteronomio 32:2-3).

El estanque de Siloé, cuya agua fluía desde el manantial de Gihón a través del túnel que Ezequías construyó, simboliza esta verdad en movimiento. Esta corriente de sabiduría es el misterio central del que Jesús da testimonio al enviar al ciego al estanque. Tal como expresa el profeta Jeremías: "Me han abandonado, la fuente de aguas vivas" (Jeremías 2:13).

Los textos bíblicos se refieren a las aguas de Siloé como "la silenciosa presencia divina del Señor", una descripción que destaca por su precisión y profunda belleza. Aunque en las Escrituras se menciona poco sobre el túnel que Ezequías cavó, llamado Siloé, sabemos que servía para abastecer de agua a la ciudad. No obstante, los estudiosos ofrecen una interpretación espiritual que revela el significado más profundo de esta corriente.

Los símbolos bíblicos esenciales están vinculados a Shiloah. Ejemplos de estos símbolos incluyen el mandato de "Buscar al Señor y su fuerza; buscar siempre su rostro" (Salmo 105:4) y el pasaje del Salmo 23: "Junto a aguas de reposo me conduce; tu vara y tu cayado me infunden aliento" (Salmo 23:2,4). Otros ejemplos bíblicos incluyen el cántico "Brota, oh pozo" (Números 21:17), o el simbolismo de la mano de Dios como fundamento de la creación: "Ciertamente Mi mano puso los cimientos de la tierra, y Mi diestra extendió los cielos" (Isaías 48:13). Este misterio, que atraviesa el lenguaje de las Escrituras, converge en la revelación de Cristo: "Pero hablamos de la sabiduría de Dios en misterio, la sabiduría oculta que Dios ordenó desde antes de los siglos para nuestra gloria" (1 Corintios 2:7).

Jeremías también alude a este misterio al decir: "Así dice el Señor: Pónganse en los caminos y miren, pregunten por las sendas antiguas dónde está el buen camino y caminen por él; entonces hallarán descanso para sus almas" (Jeremías 6:16). Si bien algunos eruditos interpretan que se refiere a la ley dada a Moisés, la carta a los Hebreos afirma que "la ley nada perfeccionó" (Hebreos 7:19). Es relevante examinar el significado de "antiguo" en este contexto, pues el término hebreo "Olam" implica un concepto de eternidad o algo "oculto" (Job 28:20-21). Así, Shiloah se comprende como un flujo eterno y velado a los ojos mortales.

Al entender Shiloah como "la silenciosa presencia divina", se abre la posibilidad de percibir el fruto del árbol del conocimiento del bien y del mal. Cristo, al escupir en el suelo y enviar al ciego al estanque de Siloé, usa un simbolismo profundo. Su acto representa el envío de las aguas vivas a la Tierra (Jeremías 2:13), y al mandar al ciego al estanque, revela el sentido oculto de esas aguas, representando así a aquellos que rehúsan las "aguas que manan suavemente" (Isaías 8:6). ¿Qué son, en realidad, estas aguas de Siloé?

Este misterio encuentra un paralelo en el relato de Elías: "Pero el Señor no estaba en el viento; ni en el terremoto ni en el fuego; después del fuego, un susurro apacible" (1 Reyes 19:11-12). Los comentaristas identifican este susurro como la "voz del silencio". Las aguas de Shiloah y este sonido de quietud representan la misma esencia divina, manifestando la voz sagrada en una silenciosa calma.

El Rey David alude a esta voz en el Salmo 68:33 y Salomón, en Proverbios 18:4, describe "las palabras de la boca del hombre como aguas profundas", sugiriendo que la voz de Dios es, en verdad, un "río de agua de vida" (Apocalipsis 14:2 y 22:1). Al referirse al "río puro de agua de vida", se presenta una imagen profunda: Dios como fuente de toda comprensión y sabiduría, revelándose a través de metáforas como el "manantial de agua viva", simbolizando Su palabra y voz (Job 28:20-27).

Job detalla el poder del "aliento del Todopoderoso" que abarca el cielo y la tierra, y que Jesús manifiesta cuando envía a sus discípulos: "Reciban el Espíritu Santo" (Juan 20:21-22). Este acto simboliza el aliento divino que transforma y vivifica. Al igual que el sonido de la brisa dentro de una concha marina, la voz de Dios es un flujo de agua de vida que se extiende desde el trono divino hasta los confines de la creación.

El sonido de la voz de Dios, similar a un "impresionante sonido de agua", representa Su esencia en forma de agua AH (Salmo 29:3). Jesús caminando sobre las aguas declara Su identidad como el Verbo AH encarnado. En las Escrituras, YAH aparece como el nombre sagrado en Strong's 3050, mientras que el Logos, Jesucristo, es Strong's 3056. Este Logos es el AH encarnado, el río de agua de vida. Así, el arroyo de Siloé simboliza la obra de Dios, y Jesús mismo se revela como esa fuente de vida.

El acto de beber del "agua que brota para vida eterna" (Juan 4:14) representa la invitación a unirse al río de vida, en una unión espiritual. La voz de Dios, "como el sonido de muchas aguas" (Apocalipsis 3:14), es, en esencia, la palabra de vida que sostiene la creación, y el AH o "Amén", que es Cristo, el principio de toda existencia.

El "aliento de Dios" (Isaías 30:28) que crea y sostiene la vida, es el AH, la palabra encarnada en Jesucristo. Comprender este concepto es comprender la profundidad del árbol de la ciencia del bien y del mal, revelando el nombre de Dios como una presencia omnisciente, latente en toda creación y visible en cada susurro de Su voz.

Este misterio conduce a una reflexión final sobre el propósito de la verdad en Cristo. Jesús afirma ante Pilato que vino "para dar testimonio de la verdad" (Juan 18:37), aludiendo a Su esencia como la palabra primordial de la creación. A través de esta verdad, aquellos que lo buscan encontrarán, en última instancia, el río de agua de vida y la revelación del Logos, que se manifiesta en el eterno AH, la voz de Dios en medio de la creación y la existencia.

8. Cristo, La Verdad y La Mentira

La observación de la dualidad en el mundo físico revela una constante: la existencia de fuerzas y entidades en oposición. La naturaleza se encuentra dividida en aspectos contrapuestos: el masculino frente al femenino, la luz contra la oscuridad, y la solidez de la tierra frente a la fluidez del mar. En el ámbito de lo cotidiano, los automóviles se desplazan en direcciones contrarias por las mismas carreteras, el aliento contiene tanto aire fresco como el desechado, y hasta el sonido de un estornudo encierra esta dualidad. La Biblia, siendo una profunda reflexión sobre la verdad divina, sigue este mismo principio de contrastes. En ella, Jesús representa la Verdad en su máxima expresión, lo que implica también la existencia de una mentira específica en contraposición. Así como existen dos árboles de importancia en el relato bíblico, también hay dos realidades fundamentadas en ellos: el Árbol de la Vida simboliza la realidad espiritual y la vida eterna, mientras que el Árbol del Conocimiento del Bien y del Mal corresponde a la realidad física y la muerte, fuerzas opuestas en el cosmos.

Con esto en mente, se puede entender mejor el mensaje de Jesús: "Yo soy el pan de vida. Vuestros padres comieron el maná en el desierto y murieron... Este es el pan (Jesús) que ha descendido del cielo; no como el maná que comieron vuestros padres y murieron. Quien coma de este pan vivirá para siempre" (Juan 6:48-58). Esta comparación presenta dos tipos de alimentos espirituales; el pan de vida que ofrece la eternidad y el maná, simbolizando aquello que lleva a la muerte. En este punto, Jesús encuentra dificultad para comunicar su mensaje, y muchos de sus seguidores se apartan, como se observa en Juan 6:66, donde se produce una fractura en su círculo de discípulos.

La búsqueda de la verdad es una travesía que puede ser tan reveladora como enigmática. En el intento de comprender, incluso los misterios pueden emerger en forma de sueños intensos. Uno de estos episodios incluyó la presencia de un hombre que anticipaba eventos futuros, que, al materializarse, provocaban en el soñador un desconcertante déjà vu. Fue tras una segunda serie de estos sueños que una imagen reveladora surgió en la portada de un libro, identificando al misterioso personaje como un líder espiritual en un movimiento que, en apariencia, se alineaba con la búsqueda de verdad y comprensión. Este movimiento era conocido como la "Religión de la Luz y el Sonido de Dios". En Deuteronomio 13:1-3 se advierte sobre aquellos que, valiéndose de sueños y señales, inducen al pueblo a seguir a otros dioses. Aquí yace la habilidad del "Maestro de Sueños", un título que confiere poder y que, como se verá, también lleva a sus seguidores hacia el árbol del conocimiento del bien y del mal.

Las Escrituras nos invitan a observar las fuerzas de la creación en conflicto y armonía. Asaf, uno de los salmistas, describe cómo "dividiste el mar con tu poder... quebraste las cabezas de Leviatán y lo diste como alimento a los habitantes del desierto" (Salmo 74:13-14). Este alimento, el maná, es recordado por Jesús en sus palabras: "Yo soy el pan de vida; vuestros padres comieron el maná en el desierto y murieron" (Juan 6:48-49). Su mensaje es claro y enigmático a la vez, incitando a sus oyentes a profundizar en su comprensión espiritual.

El engaño encarnado en la figura del Maestro de Sueños provocaba una confrontación interna, como sucedió a algunos apóstoles que, tras la lección de Jesús en Juan 6:66, decidieron abandonarlo. En las Escrituras, dos pasajes en particular revelan significados ocultos: Éxodo 12:12 y Juan 6:66. El primero describe la primera reunión de las 12 tribus de Israel que salieron de Egipto, mientras que el segundo anticipa la reunión de los 12 apóstoles en el siguiente éxodo, que marca una partida espiritual en el plan divino, delineando el "número de la bestia" como un símbolo profundo.

Al principio de este estudio se aludió al "estandarte de las hijas de Zelofehad". De forma singular, la Biblia enumera tres veces el orden de nacimiento de estas hijas (Números 26:33, 27:1 y Josué 17:3), destacándolas como un enigma: Mahlah, Noah, Hoglah, Milcah y Tirzah. Esta secuencia nombra elementos en una estructura aparentemente críptica: "Movimiento, Enfermedad, Codorniz, Reina, Complacencia". Sin embargo, al reordenarse en Números 36:11, se revela una disposición que se interpreta como "Movimiento de la Reina Codorniz Agradable a la Enfermedad", y este símbolo toma un papel central en el entendimiento espiritual, relacionado con el maná y su misteriosa significación.

La enseñanza común del "pecado original" sugiere que tuvo lugar aquí en la tierra, y que el Jardín del Edén representa un sitio físico; sin embargo, la Biblia parece implicar que su naturaleza es más bien espiritual. Como Hebreos 2:14 sostiene, los seres humanos son espíritus que experimentan lo físico. La comprensión de este árbol del conocimiento y el impacto del pecado original sólo puede revelarse cuando se acepta que su origen es espiritual. En el Edén, el mandato fue claro: "De todo árbol del jardín puedes comer libremente, pero del árbol del conocimiento del bien y del mal no comerás; el día que de él comieres, ciertamente morirás" (Génesis 2:16-17).

La referencia en Salmo 78:2,23-27 describe el "alimento de los ángeles", el maná, como causa de la transición de una existencia espiritual a una física. Aquí, la expresión poética de Asaf ilustra la caída de los espíritus que, al consumir este "pan celestial", ansían lo físico, llevando a una transformación que los hizo seres materiales. El simbolismo del maná, entonces, no solo representa una prueba sino también un paso hacia la mortalidad.

El propósito del maná como símbolo de revelación divina se desarrolla en la Biblia a través de experiencias alegóricas. Éxodo 16 describe el viaje de los israelitas desde Elim, un lugar con doce pozos y setenta palmeras, que puede interpretarse como el "Lugar de los Árboles". Esta travesía de Elim al desierto de Sin representa, en analogía, el tránsito desde la realidad espiritual hacia una vida de pruebas y desiertos internos. La imagen de la codorniz y el maná simboliza la caída de la espiritualidad a la materialidad, y también funciona como una advertencia sobre la naturaleza del falso Cristo, identificado como el "Movimiento de la Reina Codorniz Agradable a la Enfermedad". En este contexto, el maná que alimentaba a los israelitas en el desierto se erige como una representación de la fruta prohibida; su verdadera esencia se entenderá más adelante en el estudio.

El simbolismo del desierto como lugar de prueba se hace claro cuando Dios dice a Moisés: "He aquí, yo haré llover pan del cielo... para probarlos" (Éxodo 16:4). Este maná en el desierto, aunque tangible, sirve solo como representación del fruto del conocimiento prohibido, y como tal, es la herramienta de la prueba que se repite en el destino humano desde los tiempos de los israelitas hasta la actualidad. Con esta observación en mente, las implicaciones espirituales de los eventos del éxodo y la alimentación en el desierto adquieren una nueva dimensión, revelando el mensaje subyacente de las Escrituras y los misterios que se desvelarán en el tiempo propicio.

La Oscuridad y la Luz en el Patrón Divino

Dios estableció en las Escrituras un patrón profundo, comenzando en tinieblas para luego iluminar en verdad. Este principio se ejemplifica en la aparición del maná, una manifestación de lo imperfecto, que antecede a la llegada del pan verdadero, Cristo. Como lo señala el sabio Salomón, todo vuelve a suceder en ciclos. Así, el maná simboliza una representación incompleta del alimento espiritual, un anticipo de la revelación completa en Jesús, el verdadero pan que otorga vida eterna.

En las palabras de Jesús se refleja esta secuencia: "Yo soy el pan de vida. Los antepasados comieron el maná en el desierto, y murieron. Este es el pan que baja del cielo para que uno coma y no muera. Yo soy el pan vivo que descendió del cielo; el que coma de este pan vivirá para siempre…" (Juan 6:48-51). Aquí se establece la distinción entre el pan pasajero del maná, un símbolo de muerte, y el pan de vida eterna que representa Su esencia divina.

Verbo y Engaño

La Escritura alude a un manantial de sabiduría divina, un río de agua viva que manifiesta el sonido eterno del AH, encarnado en Jesucristo. No obstante, surge un falso Cristo en el mundo, representado por el maná y confundiendo a muchos. Este engaño es promovido por un movimiento espiritual cuyo líder se autodenomina el Maestro de Sueños, proclamando ser el Verbo Encarnado mediante vibraciones de HU, y atribuyéndose los títulos y atributos que pertenecen únicamente a Dios. En su ardid, este líder tergiversa verdades bíblicas, introduciendo HU en lugar de AH como el sonido primordial, alterando incluso himnos de fe para hacer prevalecer su doctrina.

El engaño se sostiene en esta palabra HU, a la que el líder atribuye cualidades divinas. Esta falsedad contradice la revelación de Juan 1:1, que nos asegura: "En el principio era el Verbo (AH), y el Verbo estaba con Dios, y el Verbo era Dios". En abierta herejía, se declara como el "maestro vivo" en oposición a Cristo, quien, según sus palabras, ya no puede guiar. La Biblia advierte acerca de esta venida del "inicuo" que opera con señales mentirosas, una advertencia que se despliega en 2 Tesalonicenses 2:9.

HU: Vibración Complementaria

Este movimiento proclama a HU como el nombre sagrado de Dios, desafiando la divinidad de Cristo y otorgando a HU el título de camino hacia

Dios. Afirman que HU encarna la voz de Dios, resonando con poder místico, la fuente de energía vital. Sin embargo, es el AH quien representa realmente el flujo sagrado de vida y que se encarna en Cristo. El atractivo de HU radica en las promesas de poder espiritual, sueños lúcidos, milagros y experiencias místicas. Además, es mediante HU que despiertan la "diosa madre" o Kundalini, una energía serpentina ubicada en la base de la columna, una representación de poder mundano, contrario a la esencia divina.

El sonido HU es, de hecho, el fruto del conocimiento que causó la caída espiritual de la humanidad, de acuerdo a esta doctrina. Representa el paso de lo espiritual a lo material, marcando a los humanos con la huella del conocimiento prohibido. Este sonido es el falso sustento que llevó a los hijos de Israel a la muerte en el desierto, revelado como maná, o "man HU" en hebreo, una referencia al cuestionamiento eterno del ser humano: "¿qué es?".

Egipto y la Caída del Hombre

Dios muestra la caída de la humanidad a través de la historia de la esclavitud en Egipto, un territorio que simboliza el exilio espiritual. En este contexto, el faraón, con su corona de serpiente, representa a

Satanás. Los antiguos egipcios reverenciaban el sonido HUUU como el aliento creador de Dios, un concepto que aparece en el "Libro Egipcio de los Muertos". Asaf alude a esta caída espiritual en el Salmo, donde Dios derrota a Leviatán y alimenta al pueblo con maná en el desierto. Este alimento, el maná, se identifica como el "man HU", un símbolo del conocimiento terrenal que lleva a la muerte espiritual.

AH y HU: Dos Panes, Dos Árboles, Dos Realidades

Jesús explicó que Su venida era para testificar la verdad, diciendo a Pilato: "Para esto he nacido" (Juan 18:37). Con claridad, Él diferencia entre el pan que Él representa y el maná consumido en el desierto. AH es el pan de vida, el verdadero sustento espiritual, mientras que HU es el pan de la muerte, reflejo de la caída humana.

Finalmente, las Escrituras revelan que AH es el árbol de la vida, mientras que HU es el árbol del conocimiento del bien y del mal. Estos símbolos marcan la diferencia entre la realidad divina y la realidad física, mostrando que el camino hacia la vida eterna no se halla en los ecos del mundo material, sino en la verdad viva que reside en Cristo.

El análisis de la interacción entre la verdad y la falsedad, representada en la oposición entre AH y HU, conduce a una comprensión más profunda del papel de Cristo como la manifestación de la Verdad suprema. Este entendimiento resulta fundamental para identificar las doctrinas erróneas y mantenernos firmes en el camino de la claridad espiritual. Con esta base establecida, es posible avanzar hacia el misterio del Nombre Sagrado que se guarda en el Arca, y su conexión directa con nuestra práctica de adoración.

9. El Nombre Sagrado del Arca

El Arca de la Alianza, según las Escrituras, es descrita en Hebreos de la siguiente forma: "El Arca de la Alianza, revestida en oro por todos lados, donde reposaban el recipiente dorado con el maná, la vara de Aarón que reverdeció, y las tablas de la alianza; y sobre ella los querubines de gloria que cubrían el propiciatorio. De estas cosas no podemos hablar ahora en detalle" (Hebreos 9:4-5). Este enigma, centrado en el maná y la vara de Aarón contenidos dentro del Arca, representa más que simples símbolos antiguos; el maná encarna el árbol del conocimiento, mientras que la vara de Aarón simboliza el árbol de la vida. La Sabiduría Divina se oculta aquí: el árbol de la vida se refleja en la palabra AH, y el árbol del conocimiento en HU, haciendo de AH y HU las energías contenidas en el Arca de la Alianza. Este misterio profundo y prohibido, mencionado en Hebreos, no es una interpretación personal, sino una revelación del Espíritu de Verdad.

Asaf, aludiendo al cautiverio del Arca desde Silo, la describe en términos de fortaleza divina: "Así abandonó el tabernáculo de Silo… y entregó Su fortaleza en cautiverio y Su gloria en mano del enemigo" (Salmo 78:60-61). Este texto muestra cómo el Arca simboliza la fuerza y la gloria de Dios, conceptos que también se reflejan en el versículo: "El Arca de Dios el Señor, que habita entre los querubines, donde se proclama Su Nombre" (1 Crónicas 13:6). La fuerza y la gloria de Dios se expresan en Su Nombre, pues está escrito: "Alaben el Nombre del Señor porque solo Su Nombre es excelso" (Salmo 148:13) y "Santo y temible es Su Nombre" (Salmo 111:9).

El Arca de Dios, entonces, representa Su Nombre, su esencia de poder y gloria. Bajo esta comprensión, el siguiente versículo adquiere significado: "Él ha declarado a Su pueblo el poder de Sus obras, al darle la herencia de las naciones" (Salmo 111:6). Al reflexionar en la historia de Jericó, uno puede entender el poder de esta manifestación. La presencia del Arca en los eventos de Jericó encarna el poder de AH y HU. La narrativa de Josué 6, en donde los cuernos de carnero preceden al Arca, resalta cómo el Arca encarna no solo el Nombre, sino la voz misma de Dios, un recordatorio del sonido creador de la existencia.

El poder detrás de las obras divinas se revela en el sonido, tal como se explica en Job: "El trueno lo declara" (Job 36:33). El sonido, al originar la vibración fundamental, es el agente cohesionador de la existencia, algo confirmado por la ciencia cuántica, donde la realidad se descompone en unidades de energía vibrando en frecuencias específicas. En el evangelio de Juan se declara: "En el principio era el Verbo" (Juan 1:1), donde el Verbo o sonido original, AH, se manifiesta en Jesucristo como el Verbo encarnado. Esta energía vibratoria, AH, puede ser probada en experimentos: una fina capa de arena sobre una placa vibrada con AH forma la figura de la Estrella de David, mientras que HU, con un patrón distinto, puede evocar efectos adversos en el experimentador debido a las consecuencias kármicas implicadas.

Otra ilustración de la fuerza del Nombre divino se halla en el acertijo de Sansón, quien, al preguntar "¿Qué es más dulce que la miel? ¿Y qué es más fuerte que un león?" (Jueces 14:18), ofrece una adivinanza que apunta a un entendimiento profundo sobre el poder del Nombre de Dios.

El maná y la vara de Aarón, referidos nuevamente en Hebreos 9:4, muestran el profundo misterio de la conexión entre AH y HU, o el árbol de la vida y el del conocimiento. En su meditación sobre el Nombre de Dios, el profeta Malaquías ofrece una pista hacia la esencia divina: "Así fue escrito delante de Él un libro de memoria para los que temen al Señor y meditan en Su Nombre" (Malaquías 3:16). La meditación aquí implica una introspección profunda, donde uno calcula y explora el vasto conocimiento contenido en el Nombre. En efecto, Su Nombre es una llave al conocimiento espiritual.

El Nombre de Dios, representado en el Tetragrámaton (YHWH), aparece en cuatro letras, cada una de las cuales posee un simbolismo intrínseco. A través de Jesús, el Verbo AH Encarnado, Yahweh se convierte en el camino, la verdad y la vida. Al extraer las letras centrales de este Nombre Divino, HW, se revela el "fruto del árbol del conocimiento". HW representa a HU, palabra de comando, resonante de 360 Hz, la frecuencia de la Tierra misma. Esto fue notado por los astronautas del Apolo, quienes registraron un misterioso sonido en el espacio, el eco de HU, cuya vibración fundamental conecta todas las cosas naturales y puede oírse en los ecos de trenes y campanas.

El Tetragrámaton, cuando se descompone en YH y HW, encierra en YH el árbol de la vida, y en HW, el conocimiento mortal. YH representa a YAH, mientras que HW es el sonido de la existencia física,

HU, el "choque de las olas" del mundo material. La revelación de este Nombre Secreto como YAHU, tal como aparece en el nombre del profeta Jeremías (Yirme YAHU), confirma su sentido sagrado.

La voz de Dios, que clama a la ciudad en Miqueas 6:9, convoca a una interpretación reflexiva sobre el Espíritu, un sonido que habita tanto el viento como el aliento. Cuando el escritor de Hebreos menciona que el maná y la vara de Aarón no pueden explicarse en detalle (Hebreos 9:5), alude a un misterio central y profundo. No se trata de conceptos explicables, sino de una verdad que la totalidad de la Biblia intenta manifestar.

Este movimiento de revelación divina es contrarrestado por fuerzas adversas, como el culto del "Sonido y la Luz", que distorsiona y reclama como propios los atributos divinos de poder y sonido, usurpando símbolos sagrados bajo falsos preceptos. En esta desviación, el poder de HU es usado para fines manipuladores, como lo ilustran los relatos de líderes de dicho movimiento que, guiados por una aparente autoridad sobre la realidad, caen en la confusión mental.

La Biblia nos advierte contra estas distorsiones. Dios declara: "Yo soy Dios y no hay nadie como yo. Declaro el fin desde el principio"

(Isaías 46:9-10). Esta declaración abarca el aliento de vida otorgado al hombre, una verdad que se devela cuando se medita en el Nombre de Dios.

Así como Salomón construyó el templo como morada del Nombre del Señor, Jerusalén se elige como ciudad para Su Nombre. La continuidad de Su Nombre en Jerusalén simboliza Su presencia, y confirma que el final revelará lo declarado en el principio, donde el Nombre divino tiene su morada, testimonio de Su gloria.

Es evidente que el Arca de la Alianza se presenta como un símbolo enigmático del Nombre de Dios, encarnando Su poder y gloria. En una referencia intrigante del libro de Hebreos, se menciona que el arca contenía una vasija de oro con maná y la vara de Aarón, aunque el autor, en un gesto de misterio, admite que no puede detallar más. Aquí, el maná y la vara se transforman en representaciones simbólicas de los árboles en el Edén; en esta profundización, dichos árboles se asocian con las palabras AH y HU, las cuales Jesús señaló como espirituales. A partir del análisis del Tetragrámaton, las cuatro letras de YHWH manifiestan un equilibrio de dualidades: YH como el árbol de la vida, mientras que HU simboliza el árbol del conocimiento del bien y del mal. La revelación final se sintetiza en el Nombre de Dios como YAHU, sustentado en Jeremías, quien afirmó: "Porque soy llamado por Tu Nombre, oh Señor Dios de los Ejércitos" (Jeremías 15:16), y de cuya etimología deriva el nombre Yirmi YAHU en hebreo.

Moisés, al colocar el maná y la vara en el Arca, inscribe una alegoría tangible del Nombre Divino. Cuando Dios declara Su intención de establecer Su Nombre en Jerusalén, revela un mensaje profundo. Jerusalén, cuyo significado implícito abarca la dualidad, representa dos realidades opuestas; así, YAHU simboliza esta dualidad esencial: YAH como la esencia divina y HU como la expresión del dominio físico. En consecuencia, Dios alude a la llegada de Su Nombre a Jerusalén al cierre de los tiempos, una manifestación final del principio dual en la historia sagrada.

Este mismo patrón se observa cuando el maná cayó en el desierto como preámbulo del verdadero pan, Jesucristo. Del mismo modo, Jerusalén verá la llegada de un falso Cristo, autoproclamado Verbo HU Encarnado, cuyo advenimiento será anticipado por algunas creencias islámicas como la venida del Mahdi. El uso del grito "AllaHu Akbar" en tiempos de exaltación entre ciertos seguidores radicales añade una carga simbólica al concepto de HU, donde se observa una tendencia a ensalzar el HU en lugar de AH, que representa a Jesucristo. Así, HU se identifica como el aspecto físico y, por tanto, una manifestación errónea del Nombre Divino, en contraposición a AH.

El Zikr sufí, que enfatiza el HU en su canto, resalta la vinculación de HU con una dimensión espiritual específica. Existe una convergencia en la espera mesiánica entre musulmanes y judíos, ambos en anticipación de un líder espiritual que, desde la perspectiva de esta revelación, será el falso Cristo o HU Encarnado. Este se presentará en Jerusalén como un ente poderoso, aunque engañoso, al que se le atribuirán prodigios y grandes señales, en cumplimiento de la profecía descrita por Jesús: "Porque se levantarán falsos Cristos que harán grandes señales para engañar, si fuese posible, aún a los elegidos" (Mateo 24:15-16, 23-24). Así, la abominación de la desolación, predicha por Daniel y reiterada por Jesús, será un hombre que se erigirá como Dios encarnado en Jerusalén.

Este desarrollo de eventos se sostiene en el marco de la Ley Divina, pues el Nombre de Dios debe alcanzar a Jerusalén, como se predijo: "Y entonces el inicuo, a quien el Señor consumirá con el resplandor de Su venida" (2 Tesalonicenses 2:8). La llegada de HU, el falso Verbo, será una obra de Satanás, y se le permitirá realizar prodigios que engañarán a muchos. A su vez, Dios permitirá este "fuerte engaño" (2 Tesalonicenses 2:11), cumpliéndose así la separación entre verdad y mentira, entre AH y HU, el falso Cristo.

A través de la profecía, se vislumbra la llegada del Verbo AH, Jesucristo, el verdadero Logos, quien será reconocido en el Apocalipsis como el "Fiel y Verdadero" que juzga con justicia. Este retorno victorioso se convertirá en la consumación de las escrituras, como predice Jeremías: "En aquel tiempo Jerusalén será llamada el trono del Señor, y todas las naciones se congregarán a ella" (Jeremías 3:17). Este proceso, como predice Isaías, sigue un plan divino en el que Dios anuncia "el fin desde el principio" (Isaías 46:9), dejando a la humanidad una advertencia y un entendimiento de Su propósito y voluntad.

La metáfora del templo se extiende, pues, así como el Nombre de Dios habita en el templo de Jerusalén, también habita en el templo humano. La creación misma y el aliento de vida contienen Su Nombre, manifestado incluso en el sonido AHCHOO, que recuerda el Nombre Sagrado en el acto del estornudo. La conclusión inevitable es que AH y HU, como principios opuestos, deben enfrentarse al final de esta era, en la que HU vendrá primero, solo para ser seguido por el regreso de Jesucristo, el Verbo AH Encarnado.

En el mensaje de Santiago, quien exhorta a recibir el Logos AH, y en las palabras de Isaías que expresan el deseo del alma por el Nombre de Dios, se percibe el eco de la misma verdad revelada en el estornudo humano, un recordatorio inconsciente del AH. Como ejemplo, un evento memorable es el de un musulmán que, en medio de un discurso despectivo, emitió un estornudo en el que se percibió el sonido "Yeshua", un indicio providencial que subraya la omnipresencia del Nombre Sagrado en cada acto de vida, incluso en aquellos momentos insignificantes. La experiencia de este Espíritu de Verdad se presenta como una fuerza reveladora, rápida y sorprendente, cuya manifestación deja en quien la experimenta una percepción profunda de Su realidad y presencia, aun cuando no permanezca lo suficiente para un diálogo prolongado.

Es, pues, un designio divino que este misterio del Nombre escondido en un acto cotidiano como el estornudo nos guíe hacia el reconocimiento del AH y del HU, recordando la batalla final entre el Verbo genuino y su contrapartida. Al final, aquellos que comprendan el sentido de esta revelación, entenderán que es a través del Nombre de Dios que la verdad última será restaurada, sellada en la figura de Jesucristo como el Verbo AH Encarnado.

10. El enigma de Sansón y la Adoración

Se explora ahora el profundo enigma del hombre más formidable de las Escrituras. En el libro de los Jueces, Sansón propone un acertijo que dice: "Del que come salió algo para comer, y del fuerte salió algo dulce" (Jueces 14:14). La respuesta en el relato de Sansón es una pregunta divina para todos: "¿Qué hay más dulce que la miel? ¿Y qué hay más fuerte que un león?" (Jueces 14:18). Este enigma, escondido en las palabras del libro de los Jueces, se halla oculto bajo un símbolo divino. Entra entonces Ehud, el segundo juez de Israel, mencionado en los primeros capítulos de Jueces como un hombre zurdo. Este declara poco después: "Tengo un mensaje secreto de Dios" (Jueces 3:19), y así se sugiere que en estos capítulos reside un mensaje oculto: la respuesta al enigma de Sansón, expresada en la pregunta "¿Qué hay más dulce que la miel? ¿Y qué es más fuerte que un león?". El secreto está en los nombres de los cuatro primeros jueces de Israel.

Otoniel Kenaz, Aod Gera, Samgar Anat, y Débora

Estos nombres, al ser traducidos, ofrecen el siguiente significado:

León Caza Grano Unido Espada Respuesta Abeja

La pregunta de Sansón "¿Qué hay más dulce que la miel? ¿Y qué es más fuerte que un león?" halla su respuesta en esta sucesión simbólica: León, Caza, Unidad, Grano, Espada, Respuesta, Abeja. Aquí, el león se interpreta como símbolo de realeza, asociando la "caza del león" con la figura de Cristo. La noción de un grano unido, evocada en el nombre, se aclara mediante las palabras de Jesús: "Que todos sean uno como Tú, Padre, estás en Mí y Yo en Ti, para que ellos sean Uno en Nosotros" (Juan 17:21). La espada, en este contexto, es la respuesta: "Y una espada flamígera que se revolvía por todos lados para guardar el camino al árbol de la vida" (Génesis 3:24). En Pentecostés, cuando los creyentes se reunieron en unidad, "se les aparecieron lenguas repartidas, como de fuego" (Hechos 2:1), una referencia simbólica que evoca el misterio de la espada flamígera.

Curiosamente, las Escrituras no ofrecen instrucciones directas sobre la adoración a Dios "en espíritu y en verdad", aunque sí aluden a la naturaleza del alimento sólido espiritual. "Yo te alimento con leche y no con alimento sólido, porque hasta ahora no podías recibirlo, y aun ahora no puedes" (1 Corintios 3:2). Tal alimento sólido representa el sustento del alma. La primera forma de este alimento se explica en Jeremías: "Fueron halladas tus palabras, y las comí, y tu palabra fue para mí alegría y regocijo de mi corazón, porque soy llamado por tu Nombre, oh Señor Dios de los Ejércitos" (Jeremías 15:16). Este alimento sólido alude al Sagrado Nombre de Dios YAH, como en Isaías: "El deseo de nuestra alma es por Tu Nombre (YAH) y por el recuerdo de Ti" (Isaías 26:8). La segunda forma de alimento sólido se asocia con el hablar en lenguas, "El que habla en lenguas se edifica a sí mismo" (1 Corintios 14:4).

El propósito de estas referencias es revelar lo expresado en 1 Corintios 3:2: "Te alimento con leche y no con alimento sólido", aludiendo a las variaciones en la capacidad para recibir enseñanzas más profundas, como el hablar en lenguas. Este fenómeno sirve como ejemplo de cómo algunos en la fe se han abierto a formas de adoración y edificación espiritual que otros rechazan. A principios del siglo XX, un pequeño número de cristianos carismáticos y pentecostales se dedicaba a esta práctica, y en la actualidad, se estima que hay aproximadamente 673 millones de estos creyentes. Para ellos, el don de hablar en lenguas es evidencia de buen fruto, algo opuesto a las prácticas demoníacas, pues su adoración culmina en la glorificación del Dios de la Verdad en el nombre de Jesús.

Un ejemplo instructivo es el de Job, quien renunció a su propio entendimiento para que el Espíritu de Dios le guiara. Dios le desafía en Job 38:2: "¿Quién es éste que oscurece el consejo con palabras sin conocimiento?", y Job confiesa su ignorancia: "Por tanto, he dicho lo que no entendía, cosas demasiado maravillosas para mí, que no conocía" (Job 42:3). Esta experiencia abre una reflexión sobre la reencarnación, en la que Dios puede tomar el espíritu de cada individuo y reencarnarlo en nuevas Tierras a través del universo, replicando el ciclo hasta alcanzar la perfección. Apocalipsis 3:12 menciona: "Al que venciere, lo haré columna en el templo de mi Dios, y no saldrá más", y Isaías 65:17 promete: "He aquí que yo crearé cielos nuevos y tierra nueva; y de lo primero no habrá memoria, ni más vendrá al pensamiento". Sin embargo, hay quienes rechazan la reencarnación, apoyándose en Hebreos 9:27: "Está establecido que los hombres mueran una sola vez, pero después de esto el juicio".

Una investigación superficial sobre la adoración a Dios en espíritu y en verdad arroja millones de interpretaciones, a las que se añade esta perspectiva: la manifestación sobrenatural en Pentecostés muestra que la adoración en espíritu y verdad se refleja en las lenguas de fuego, simbolizadas por la espada flamígera. Al salir de esa experiencia, los apóstoles adquirieron una nueva forma de adoración, el hablar en lenguas. Ambas prácticas, aunque distintas, se conectan en su esencia, pues implican el uso de la voz, que representa el aliento y el Espíritu.

En el relato bíblico, Sansón dice: "¿Qué es más dulce que la miel? ¿Y qué es más fuerte que un león?". La respuesta se encuentra en los nombres de los jueces israelitas, que simbólicamente corresponden a "Espada Respuesta Abeja". Esto alude al poder del Nombre de Dios, que al ser pronunciado crea patrones como el de la Estrella de David en estudios de cimática, representando un hexágono, que es también la estructura de una colmena.

Las Escrituras sugieren que el Nombre Sagrado YAHU es una espada de doble filo, un símbolo dual. Así, YAH guarda el árbol de la vida, mientras que HU es asociado al árbol de la muerte. Este último puede ser activado (aunque no se recomienda) repitiendo "HU", el cual se relaciona con el poder espiritual de Satanás. Esto alude al uso de la verdad y su manipulación en mentira. Al proclamar "YAH", uno activa el árbol de la vida, como sugiere el Salmo 105:4: "Buscad al Señor y su fuerza; buscad siempre su rostro". Esta espada flamígera, el Sagrado Nombre de Dios, custodia el camino al árbol de la vida.

Al adorar a Dios en espíritu y verdad, la experiencia reveladora puede parecer sencilla y hasta absurda a ojos ajenos, pero al abrir los oídos espirituales, un sonido asombroso, como agua distante, es revelado. Así se descorren los velos de la comprensión, y los secretos de las Escrituras cobran vida en plenitud, como lo ilustra Isaías: "Y destruirá en este monte la superficie de la cubierta echada sobre todos los pueblos" (Isaías 25:7).

Adoración en Verdad y Espíritu

Cristo enseñó a Sus discípulos el modo correcto de adorar a la Divinidad: hacerlo en espíritu y en verdad, como se detalla en el evangelio de Juan. En esa oración, Jesús dijo al Padre, "Padre Santo, guarda en Tu Nombre a los que me has dado, para que sean uno como Nosotros... Los he guardado en Tu Nombre... Les he dado Tu palabra (Strong's 3056 Logos)" (Juan 17:11-12,14). Aquí, "palabra" se refiere al Logos, el Verbo que existía desde el principio y se manifestó en la carne como Jesucristo, la Palabra Divina Encarnada. Al decir, "Yo los guardé en Tu Nombre", el Nombre señalado es el Sagrado Nombre de Dios, YAH (Strong's 3050). Más adelante, Jesús añade: "Y la gloria (YAH), que Tú me diste Yo les he dado, para que sean Uno así como nosotros somos Uno... Santifícalos en Tu verdad. Tu palabra es verdad" (Juan 17:17,22).

Este "Logos" es, una vez más, el Nombre Divino YAH, la Palabra que se encontraba en el origen de la creación y que se manifiesta en Jesucristo. La Palabra de verdad representa el Espíritu de verdad; en la superficie, es la Palabra escrita de Dios, la espada del espíritu. Sin embargo, bajo su forma encarnada, es Jesucristo, el Verbo AH en la carne, la espada flameante que custodia el acceso al árbol de la vida. El término "espíritu" se refiere también al "aliento" y al "viento". El aliento de Dios, como un sonido resonante de aguas AH, representa a Jesucristo, el Verbo Divino Encarnado. Este aliento produce un viento espiritual inigualable, mientras que el aliento humano, con un sonido similar a "AH", genera un leve viento físico. Así, "Palabra de Verdad" y "Espíritu de Verdad" se unifican en Uno: Jesucristo.

El Nombre Divino Revelado

El análisis profundo de Juan 17:11,12,14,17,22, lleva a una reflexión sobre Juan 17:12: "Yo los guardé en Tu Nombre". El profeta Isaías había dicho: "El deseo de nuestra alma es Tu Nombre y el recuerdo de Ti" (Isaías 26:8). Durante años, estos versículos permanecían en la mente, inspirando una búsqueda constante de la manera correcta de adorar en espíritu y en verdad. Jesús aclaró que Dios es Espíritu, lo cual implica que debe ser adorado en el ámbito del "aliento" y de la "verdad". Esto lleva a considerar que el acto de adorar en espíritu tiene una conexión fundamental con el aliento mismo.

La comprensión de adorar en "verdad" radica en un contraste presente en la Escritura entre la "verdad" y la "mentira". En este contexto, "AH" se asocia con la verdad, mientras que "HU" representa la mentira. Jesús enseñó que la adoración debe realizarse en espíritu y en verdad, es decir, en AH, dado que su opuesto, el espíritu de la mentira, engaña a muchos en la Tierra. Así, se presenta una revelación dual, en la cual el conocimiento simbolizado en el búho (HU) y el espíritu de la mentira se representan a través de sonidos como el "Ju". A su vez, la figura del lobo es evocada como símbolo de la adoración en un espíritu de engaño, simbolizado en el sonido "RRU". En contraposición, la verdad se refleja en el sencillo y natural sonido AH. Este sonido AH también emerge en la experiencia humana, por ejemplo, en la respiración profunda requerida en el consultorio médico, o en el primer sonido del término hebreo RuAH, que representa el "Espíritu". Es AH el Pan de Vida, el Árbol de la Vida, y el Nombre Sagrado del Creador; AH es el Verbo Encarnado en Jesús.

Invocar El Nombre Sagrado

Jesús proclamó: "Yo los guardé en Tu Nombre" (Juan 17:12), mientras que Isaías escribió: "El deseo de nuestra alma es Tu Nombre" (Isaías 26:8). Estas referencias se alinean con la invitación de la Escritura en el Antiguo Testamento de invocar el Nombre del Señor. Con esto en mente, el ejercicio de invocar el Nombre Divino se emprendió una mañana, pronunciando "YAH" tras una respiración profunda, pero al no experimentar una respuesta, se intentó un segundo enfoque. Al reconocer que el Espíritu se manifiesta a través del aliento, se utilizó una exhalación suave, lenta y sutil, similar al tono del susurro en una caracola marina. Tras unos instantes, una ligera presión en el oído derecho fue seguida por el extraordinario sonido del agua de mar, marcando una conexión profunda con el Espíritu.

PARTE II
Prácticas con el Tetragrámaton

Los 72 Nombres de Dios y su relación con el Tetragrámaton

Los 72 Nombres de Dios son una serie de combinaciones de letras hebreas que, según la tradición cabalística, contienen poderes espirituales específicos. Estos nombres se derivan de una combinación particular de versículos en el libro del Éxodo y están relacionados con el Tetragrámaton (YHWH), el nombre sagrado de Dios en la tradición hebrea. Los 72 Nombres son considerados extensiones o manifestaciones del Tetragrámaton, representando diferentes aspectos de la divinidad y permitiendo a los practicantes sintonizar con energías específicas para propósitos espirituales o prácticos.

El origen de los 72 Nombres se encuentra en tres versículos consecutivos del Libro del Éxodo (14:19-21), cada uno compuesto por 72 letras hebreas. Estos versículos describen el momento en que los israelitas cruzan el Mar Rojo y son salvados de los egipcios. La técnica utilizada para extraer los nombres se conoce como gematría y Notarikon, métodos cabalísticos para interpretar y extraer significados ocultos de las escrituras. El proceso de combinación consiste en escribir los tres versículos uno debajo del otro, alternando la dirección de escritura. Luego, se toman una letra de cada versículo en orden vertical, formando 72 combinaciones de tres letras cada una. A veces, se añaden las letras Yod (י) y He (ה) del Tetragrámaton como prefijos o sufijos para intensificar el poder de los nombres.

Cada uno de los 72 Nombres está asociado con una energía o atributo específico, y se cree que meditar en estos nombres puede ayudar a superar obstáculos, protegerse de energías negativas, desarrollar cualidades personales, conectar con niveles superiores de conciencia y facilitar cambios positivos en la vida personal. A continuación, se presenta una lista completa de los 72 Nombres de Dios, junto con su transliteración y una breve descripción de sus usos:

1. Vehuiah (והו) - Transformación y nuevos comienzos.
2. Yeliel (ילי) - Amor y sabiduría.

3. Sitael (סיט) - Esperanza en tiempos difíciles.
4. Elemiah (עלם) - Paciencia y perdón.
5. Mahasiah (מהש) - Sanación y reparación.
6. Lelahel (ללה) - Iluminación y comprensión.
7. Achaiah (אכא) - Paciencia y revelación de secretos.
8. Cahethel (כהת) - Bendiciones divinas y gratitud.
9. Haziel (הזי) - Misericordia y perdón.
10. Aladiah (אלד) - Recuperación y restauración.
11. Lauviah (לאו) - Victoria y superación de obstáculos.
12. Hahaiah (ההע) - Protección y refugio.
13. Yesalel (יזל) - Reconciliación y amistad.
14. Mebahel (מבה) - Verdad y justicia.
15. Hariel (הרע) - Purificación y claridad.
16. Hakamiah (הקמ) - Lealtad y liderazgo.
17. Lauviah (לוי) - Revelación y sueños proféticos.
18. Caliel (קליי) - Justicia y verdad.
19. Leuviah (לוו) - Expansión de la conciencia.
20. Pahaliah (פהל) - Redención y liberación.
21. Nelchael (נלח) - Conocimiento y aprendizaje.
22. Yeiayel (ייי) - Fama y renombre.

23. Melahel (מלה) - Sanación y autocuidado.
24. Hahuiah (ההו) - Protección y refugio espiritual.
25. Nith-Haiah (נתה) - Sabiduría y magia divina.
26. Haaiah (העא) - Orden y estructura.
27. Yeratel (ירת) - Propagación de la luz y optimismo.
28. Seheiah (שאה) - Longevidad y salud.
29. Reiyel (ריי) - Liberación y liberación de la opresión.
30. Omael (עומ) - Multiplicación y fertilidad.
31. Lecabel (לכב) - Inspiración y talento artístico.
32. Vasariah (ושב) - Justicia y clemencia.
33. Yehuiah (יהה) - Subordinación y orden jerárquico.
34. Lehahiah (להה) - Obediencia y disciplina.
35. Chavakiah (כהב) - Reconciliación y restauración de relaciones.
36. Menadel (מנד) - Trabajo y vocación.
37. Aniel (עני) - Coraje y rompimiento de patrones negativos.
38. Haamiah (העמ) - Ritual y ceremonia.
39. Rehael (ראה) - Sanación emocional y equilibrio familiar.
40. Yeiazel (ייי) - Liberación de la ansiedad y la depresión.

41. Hahahel (ההה) - Misión espiritual y vocación religiosa.
42. Mikael (מיכ) - Orden y organización.
43. Veuliah (וול) - Prosperidad y abundancia.
44. Yelahiah (ילה) - Victoria y éxito en conflictos.
45. Sealiah (סאל) - Motivación y voluntad.
46. Ariel (ערי) - Percepción y revelación.
47. Asaliah (עשל) - Contemplación y comprensión profunda.
48. Mihael (מיה) - Amor y relaciones matrimoniales.
49. Vehuel (והו) - Elevación y grandeza.
50. Daniel (דני) - Clemencia y juicio.
51. Hahasiah (ההש) - Meditación y búsqueda interior.
52. Imamiah (ימם) - Expiación y liberación de cargas.
53. Nanael (ננא) - Comunicación y transmisión de conocimiento.
54. Nithael (נתה) - Legado y continuidad.
55. Mebaiah (מבה) - Inspiración y guía.
56. Poyel (פוי) - Sostén y fortuna.
57. Nemamiah (נמם) - Prosperidad y éxito.
58. Yeialel (ייא) - Fortalecimiento mental y claridad.
59. Harahel (הרח) - Intelecto y aprendizaje.
60. Mitzrael (מיצ) - Reparación y restauración.

61. Umabel (אומ) - Amistad y afinidad.
62. Iah-Hel (יהה) - Sabiduría y conocimiento.
63. Anauel (ענא) - Percepción global y comprensión.
64. Mehiel (מהי) - Vivificación e inspiración.
65. Damabiah (דמב) - Sabiduría y flujo de energía.
66. Manakel (מנק) - Comprensión y equilibrio.
67. Eyael (איא) - Transformación y cambio.
68. Habuhiah (הבו) - Sanación y fertilidad.
69. Rochel (רחל) - Restitución y recuperación.
70. Jabamiah (יהמ) - Alquimia y transmutación.
71. Haiaiel (היי) - Victoria y liberación.
72. Mumiah (מומ) - Renacimiento y nuevos ciclos.

Los practicantes suelen meditar en estos nombres, visualizando las letras hebreas y enfocándose en la energía asociada. Algunas técnicas incluyen la visualización, la repetición, la escritura y la reflexión. Para utilizar los 72 Nombres de manera efectiva, se recomienda seguir un proceso meditativo que incluye la visualización de las letras hebreas, la repetición de las letras o el nombre en hebreo, y el enfoque de la mente en un propósito claro o deseo específico mientras se medita en el nombre. Este proceso ayuda a sintonizar con las frecuencias espirituales representadas por cada nombre, actuando como un "diapasón" que afina tanto el cuerpo como el alma con estas energías superiores.

Algunos ejemplos específicos de cómo utilizar los 72 Nombres de Dios incluyen:

1. Desactivar Energía Negativa: Algunos nombres están diseñados para limpiar energías negativas del entorno, promoviendo un ambiente más positivo.

2. Amor Incondicional: Otros nombres facilitan la conexión con el amor incondicional, ayudando a mejorar las relaciones personales y fomentar la armonía.

3. Victoria sobre Adicciones: Hay nombres que proporcionan fortaleza emocional para superar adicciones o hábitos negativos.

4. Comunicación con lo Divino: Algunos nombres permiten una conexión más directa con lo divino, facilitando respuestas rápidas a oraciones sinceras.

5. Erradicar Plagas: Existen nombres que invocan fuerzas para eliminar plagas o problemas persistentes en el mundo físico o emocional.

Es importante destacar que estos nombres son considerados sagrados y deben utilizarse con respeto y sinceridad. La efectividad de su uso se relaciona con la pureza de intención y la alineación espiritual del practicante. Algunos recomiendan aprender su uso bajo la guía de un maestro experimentado en la tradición cabalística.

Los 72 Nombres de Dios ofrecen un sistema rico y complejo para aquellos interesados en profundizar en prácticas espirituales basadas en la tradición cabalística. Al comprender cómo se derivan del Tetragrámaton y los atributos asociados a cada uno, los practicantes pueden utilizarlos como herramientas para el crecimiento personal, la sanación y la conexión con lo divino.

Prácticas con el Tetragrámaton para la Transformación Personal

En este capítulo, exploraremos cómo puedes incorporar este nombre sagrado en tu práctica espiritual diaria a través de meditaciones, visualizaciones, afirmaciones y decretos. Incorporar el Tetragrámaton en tu práctica espiritual es una manera poderosa de conectar con lo divino y transformar tu vida. A través de estos ejercicios prácticos, tienes las herramientas para enfocar tu mente, elevar tu conciencia y manifestar tus deseos más profundos.

Preparación para las Prácticas

Antes de comenzar con los ejercicios, es importante crear un espacio tranquilo donde puedas concentrarte sin interrupciones. Puedes encender una vela o incienso, y colocar símbolos que representen lo sagrado para ti. Ten a mano un cuaderno y un bolígrafo para anotar tus experiencias y reflexiones.

Ejercicio 1: Meditación en las Letras del Tetragrámaton

Objetivo: Conectar profundamente con cada una de las letras del nombre divino y su energía específica.

Pasos:

1. Postura y Respiración: Siéntate cómodamente con la espalda recta. Cierra los ojos y toma varias respiraciones profundas, inhalando por la nariz y exhalando por la boca.

2. Visualización de la Letra Yod (י): Imagina la letra Yod brillando en un color dorado frente a ti. Siente su energía como una chispa de creación y origen divino.

3. Reflexión: Concéntrate en el principio de sabiduría y creatividad que representa Yod. Permite que esa energía inspire tus pensamientos.

4. Repite el proceso con las letras He (ה), Vav (ו), y nuevamente He (ה), visualizando cada una y sintonizando con su significado.

5. Integración: Visualiza las cuatro letras juntas, formando el Tetragrámaton completo. Siente cómo su energía se fusiona y te envuelve.

6. Finalización: Toma algunas respiraciones profundas y abre los ojos lentamente. Anota en tu cuaderno cualquier sensación o revelación que hayas tenido.

Ejercicio 2: Creación de Afirmaciones con el Tetragrámaton

Objetivo: Utilizar el poder del nombre divino para fortalecer afirmaciones personales.

Pasos:

1. Identifica una Necesidad o Deseo: Piensa en un área de tu vida donde deseas crecimiento o cambio.

2. Formula una Afirmación Positiva: Escribe una frase en presente que refleje este deseo realizado. Por ejemplo, "Estoy lleno de paz y armonía".

3. Incorporación del Tetragrámaton: Añade el nombre divino al principio o al final de la afirmación. Ejemplo: "YHWH, estoy lleno de paz y armonía" o "Estoy lleno de paz y armonía, YHWH".

4. Repetición: Recita la afirmación en voz alta o en silencio, sintiendo la energía del Tetragrámaton amplificando tu intención.

5. Práctica Diaria: Repite esta afirmación varias veces al día durante al menos 21 días.

Ejercicio 3: Sonidos Sagrados y Vibración

Objetivo: Experimentar la vibración del nombre divino a través del sonido para elevar la conciencia.

Pasos:

1. Preparación Vocal: Toma unas respiraciones profundas y relaja tu garganta.

2. Pronunciación Silábica: Aunque el nombre original es impronunciable, puedes utilizar la vocalización "Yod-He-Vav-He".

3. Entonación: Canta cada sílaba lentamente, prolongando el sonido. Siente la vibración en tu cuerpo.

4. Repetición: Repite el canto durante varios minutos, permitiendo que la vibración te envuelva.

5. Silencio Interno: Después de cantar, permanece en silencio, observando cualquier cambio en tu estado interior.

Ejercicio 4: Visualización Creativa con el Tetragrámaton

Objetivo: Utilizar la visualización para manifestar objetivos personales con la energía del nombre divino.

Pasos:

1. Define un Objetivo Claro: Elige algo que deseas manifestar en tu vida.

2. Visualización Detallada: Cierra los ojos y visualiza con detalle este objetivo ya cumplido.

3. Integración del Tetragrámaton: Imagina el Tetragrámaton brillando sobre la imagen de tu objetivo, infundiéndole energía divina.

4. Emoción Positiva: Siente la alegría y gratitud de haber alcanzado este objetivo.

5. Anclaje: Abre los ojos y anota tu experiencia, reafirmando tu compromiso con la manifestación.

Ejercicio 5: Decretos Poderosos con el Nombre Divino

Objetivo: Formular decretos que afirmen tu autoridad espiritual y alineación con lo divino.

Pasos:

1. Comprende el Poder del Decreto: Reconoce que al decretar, estás estableciendo una verdad en tu vida.

2. Escribe un Decreto Personalizado: Comienza con "Por el poder del Tetragrámaton, decreto que..." y completa con tu afirmación.

3. Recitación Firme: Lee el decreto en voz alta con convicción.

4. Repetición y Acción: Repite el decreto diariamente y toma acciones alineadas con él.

Ejercicio 6: Creación de un Mandala del Tetragrámaton

Objetivo: Utilizar el arte como medio de meditación y conexión con el nombre divino.

Pasos:

1. Materiales: Consigue papel, lápices de colores o pinturas.

2. Dibuja el Tetragrámaton: En el centro del papel, escribe las cuatro letras en hebreo.

3. Diseña el Mandala: Alrededor de las letras, crea patrones y símbolos que representen tus intenciones.

4. Coloreado Consciente: Colorea el mandala, enfocándote en infundir energía positiva en cada trazo.

5. Meditación con el Mandala: Una vez terminado, utiliza el mandala como objeto de meditación diaria.

Ejercicio 7: Respiración Consciente con las Letras Divinas

Objetivo: Integrar la respiración consciente con la energía de cada letra del Tetragrámaton.

Pasos:

1. Posición Cómoda: Siéntate o acuéstate en un lugar tranquilo.

2. Ciclo de Respiración: Asocia cada inhalación y exhalación con una letra.

- Inhalas "Yod", exhalas "He"

- Inhalas "Vav", exhalas "He"

3. Repetición: Continúa este ciclo durante 10 minutos, permitiendo que cada letra se impregne en tu conciencia.

4. Observación Interna: Nota cualquier sensación física o emocional que surja.

Ejercicio 8: Oración Afirmativa con el Tetragrámaton

Objetivo: Combinar la oración tradicional con afirmaciones y el poder del nombre divino.

Pasos:

1. Escribe una Oración Personal: Comienza con una expresión de gratitud.

2. Incorpora el Tetragrámaton: Inserta el nombre divino en partes clave de la oración.

- Ejemplo: "Gracias, YHWH, por tu guía y protección en mi vida diaria."

3. Afirmación Positiva: Incluye afirmaciones sobre lo que deseas manifestar.

4. Recitación Diaria: Lee esta oración cada mañana y noche, sintiendo su verdad en tu corazón.

Ejercicio 9: Sintonización con la Naturaleza y el Nombre Divino

Objetivo: Conectar con la creación y reconocer la presencia del Tetragrámaton en el mundo natural.

Pasos:

1. Encuentra un Entorno Natural: Puede ser un parque, bosque o jardín.

2. Observación Consciente: Camina lentamente, observando los detalles a tu alrededor.

3. Repetición del Nombre Divino: Mentalmente repite "YHWH" mientras respiras.

4. Reflexión: Siente cómo la energía del nombre divino está presente en todo lo que te rodea.

5. Gratitud: Agradece por la conexión y las enseñanzas recibidas.

Ejercicio 10: Diario Espiritual con el Tetragrámaton

Objetivo: Registrar tus experiencias y reflexiones para profundizar en tu práctica.

Pasos:

1. Consigue un Diario Dedicado: Reserva un cuaderno exclusivamente para este propósito.

2. Anotaciones Diarias: Escribe sobre tus prácticas, sentimientos y cualquier revelación relacionado con el Tetragrámaton.

3. Preguntas Reflexivas: Plantea preguntas como "¿Cómo siento la presencia del nombre divino en mi vida hoy?"

4. Revisión Periódica: Revisa tus entradas regularmente para observar tu crecimiento y evolución.

Afirmaciones con el Tetragrámaton

A continuación encontrarás una selección de 200 afirmaciones poderosas que incorporan el Tetragrámaton para diversos propósitos. Puedes utilizar estas afirmaciones en tus meditaciones, durante el día, al despertar o antes de dormir. Repetirlas con intención y sentimiento potencia su efecto y te ayuda a sintonizar con la energía divina del Tetragrámaton. Elige las que más resuenen contigo y observa cómo, a través de la práctica constante, comienzas a experimentar cambios positivos en las áreas de tu vida que más lo necesitan.

Salud (33 Afirmaciones)

1. YHWH, mi cuerpo es un templo de salud y vitalidad perfecta.

2. Con el poder de Yod-He-Vav-He, cada célula de mi cuerpo se renueva y sana.

3. YHWH me guía hacia hábitos saludables que fortalecen mi bienestar.

4. En el nombre de YHWH, libero toda enfermedad y abrazo la salud total.

5. La energía sanadora de YHWH fluye a través de mí ahora.

6. YHWH me llena de fuerza y resistencia física cada día.

7. Con YHWH en mi corazón, mi sistema inmunológico se fortalece.

8. Yod-He-Vav-He restaura mi equilibrio físico y emocional.

9. YHWH me otorga paz interior, reflejándose en mi salud óptima.

10. A través de YHWH, mi cuerpo y mente están en perfecta armonía.

11. YHWH me ayuda a liberar el estrés y a rejuvenecer mi espíritu.

12. En el poder de YHWH, encuentro sanación profunda y duradera.

13. YHWH me guía hacia alimentos que nutren y sanan mi cuerpo.

14. Con YHWH, mi energía aumenta y me siento revitalizado/a.

15. Yod-He-Vav-He equilibra mis emociones, promoviendo mi salud mental.

16. YHWH me llena de amor propio que fortalece mi salud.

17. En el nombre de YHWH, mis dolores desaparecen y me siento libre.

18. YHWH me inspira a cuidar de mi cuerpo con dedicación y amor.

19. Con la luz de YHWH, mi piel brilla y refleja salud interna.

20. YHWH me proporciona el descanso reparador que necesito.

21. A través de YHWH, mi respiración es profunda y llena de vida.

22. YHWH me ayuda a liberar hábitos nocivos para mi salud.

23. En el nombre de YHWH, mi corazón late con fuerza y alegría.

24. YHWH me guía hacia prácticas que fortalecen mi salud integral.

25. Con YHWH, mi visión se aclara y veo el mundo con nuevos ojos.

26. YHWH me sostiene en momentos de debilidad física.

27. A través de YHWH, encuentro el equilibrio en mi peso ideal.

28. YHWH me otorga flexibilidad y agilidad en todos mis movimientos.

29. En el poder de YHWH, mi digestión es armoniosa y eficiente.

30. YHWH purifica mi sangre y llena mi cuerpo de vida.

31. Con YHWH, mi mente está clara y mi memoria es aguda.

32. YHWH me protege de enfermedades y me mantiene en salud perfecta.

33. En el nombre de YHWH, agradezco por la salud que disfruto hoy.

Abundancia (33 Afirmaciones)

34. YHWH abre las puertas de la abundancia infinita en mi vida.

35. Con YHWH, atraigo prosperidad y riqueza en todas sus formas.

36. YHWH me guía hacia oportunidades financieras abundantes.

37. En el poder de YHWH, mi vida está llena de abundancia y éxito.

38. YHWH me otorga la sabiduría para manejar mis recursos con inteligencia.

39. A través de YHWH, mis proyectos prosperan y crecen.

40. YHWH me bendice con abundancia que comparto con otros.

41. Con YHWH, mi mente está abierta a recibir la abundancia del universo.

42. YHWH multiplica mis ingresos y recursos continuamente.

43. En el nombre de YHWH, vivo en un estado constante de prosperidad.

44. YHWH me libera de pensamientos de escasez y limitación.

45. Con YHWH, mi vida financiera es estable y creciente.

46. YHWH me muestra caminos hacia la riqueza y la abundancia.

47. A través de YHWH, recibo abundancia en todas las áreas de mi vida.

48. YHWH me ayuda a manifestar mis metas financieras con facilidad.

49. Con YHWH, atraigo relaciones que enriquecen mi vida.

50. YHWH me inspira ideas creativas que generan abundancia.

51. En el poder de YHWH, merezco y acepto la abundancia que llega a mí.

52. YHWH me conecta con la fuente inagotable de prosperidad divina.

53. Con YHWH, mis necesidades siempre están cubiertas y excedidas.

54. YHWH me enseña a dar y recibir con generosidad y gratitud.

55. A través de YHWH, mi patrimonio crece de manera constante.

56. YHWH me libera de deudas y me conduce hacia la libertad financiera.

57. Con YHWH, soy un imán para la riqueza y la abundancia.

58. YHWH me guía a invertir sabiamente y con éxito.

59. En el nombre de YHWH, la abundancia fluye libremente en mi vida.

60. YHWH me llena de confianza para alcanzar mis metas económicas.

61. Con YHWH, vivo en prosperidad y comparto mis bendiciones.

62. YHWH me muestra que la abundancia es mi derecho divino.

63. A través de YHWH, supero cualquier obstáculo financiero.

64. YHWH me ayuda a crear riqueza de manera ética y justa.

65. En el poder de YHWH, agradezco por la abundancia presente y futura.

Amor (33 Afirmaciones)

66. YHWH llena mi vida de amor incondicional y puro.

67. Con YHWH, atraigo relaciones amorosas y significativas.

68. YHWH me ayuda a amarme a mí mismo/a profundamente.

69. En el nombre de YHWH, mi corazón está abierto al amor verdadero.

70. YHWH armoniza mis relaciones familiares y de amistad.

71. Con YHWH, expreso amor y compasión hacia los demás.

72. YHWH me guía hacia mi alma gemela en el momento perfecto.

73. A través de YHWH, libero heridas pasadas y abrazo el amor presente.

74. YHWH me enseña a comunicarme con amor y honestidad.

75. En el poder de YHWH, mi relación actual se fortalece y florece.

76. YHWH me llena de amor divino que comparto con el mundo.

77. Con YHWH, soy digno/a de recibir y dar amor en abundancia.

78. YHWH sana mi corazón y lo prepara para nuevas experiencias amorosas.

79. A través de YHWH, atraigo personas que me aman y me apoyan.

80. YHWH me ayuda a perdonar y a liberar resentimientos.

81. Con YHWH, mi hogar está lleno de amor y alegría.

82. YHWH me muestra el camino hacia relaciones saludables y equilibradas.

83. En el nombre de YHWH, el amor guía todas mis acciones.

84. YHWH me inspira a amar sin condiciones y con generosidad.

85. Con YHWH, encuentro paz y amor en mi interior.

86. YHWH fortalece el vínculo entre mi pareja y yo cada día más.

87. A través de YHWH, mi vida está llena de amor y armonía.

88. YHWH me ayuda a expresar mis sentimientos con claridad y confianza.

89. En el poder de YHWH, atraigo amistades sinceras y duraderas.

90. YHWH me enseña a amar y respetar la diversidad en los demás.

91. Con YHWH, mi capacidad de amar crece constantemente.

92. YHWH me guía a sanar relaciones que necesitan reconciliación.

93. A través de YHWH, experimento el amor en todas sus formas.

94. YHWH me bendice con una familia unida y amorosa.

95. En el nombre de YHWH, el amor es la fuerza que dirige mi vida.

Trabajo (33 Afirmaciones)

96. YHWH me guía hacia una carrera que me apasiona y me realiza.

97. Con YHWH, mis talentos y habilidades se desarrollan plenamente.

98. YHWH me abre puertas hacia oportunidades laborales exitosas.

99. En el poder de YHWH, prospero en mi lugar de trabajo actual.

100. YHWH me ayuda a alcanzar mis metas profesionales con éxito.

101. Con YHWH, trabajo con entusiasmo y propósito cada día.

102. YHWH me conecta con personas que impulsan mi crecimiento profesional.

103. A través de YHWH, encuentro equilibrio entre mi trabajo y mi vida personal.

104. YHWH me inspira creatividad e innovación en mi labor.

105. En el nombre de YHWH, soy reconocido/a y valorado/a en mi trabajo.

106. YHWH me otorga sabiduría para tomar decisiones laborales acertadas.

107. Con YHWH, supero desafíos laborales con confianza y habilidad.

108. YHWH me guía hacia oportunidades de liderazgo y avance.

109. A través de YHWH, mi trabajo contribuye positivamente al mundo.

110. YHWH me ayuda a mantener una actitud positiva en el trabajo.

111. En el poder de YHWH, mi desempeño laboral es excelente.

112. YHWH me muestra el camino hacia la satisfacción profesional.

113. Con YHWH, me adapto fácilmente a cambios en el entorno laboral.

114. YHWH me brinda claridad en mi propósito y misión profesional.

115. A través de YHWH, encuentro soluciones creativas en mi trabajo.

116. YHWH me ayuda a establecer metas claras y alcanzarlas.

117. En el nombre de YHWH, mi trabajo es fuente de alegría y realización.

118. YHWH me protege de ambientes laborales negativos o tóxicos.

119. Con YHWH, mi ética de trabajo es fuerte y reconocida.

120. YHWH me guía a equilibrar esfuerzo y descanso en mi labor.

121. A través de YHWH, mis proyectos tienen éxito y reconocimiento.

122. YHWH me ayuda a aprender y crecer continuamente en mi profesión.

123. En el poder de YHWH, atraigo oportunidades laborales alineadas con mi ser.

124. YHWH me otorga paciencia y perseverancia en mi trabajo.

125. Con YHWH, disfruto y agradezco cada aspecto de mi trabajo.

128. YHWH me impulsa a alcanzar nuevos niveles de éxito profesional.

Serenidad (34 Afirmaciones)

129. YHWH me llena de paz y serenidad en todo momento.

130. Con YHWH, mi mente está tranquila y mi espíritu en calma.

131. YHWH me ayuda a liberar el estrés y las preocupaciones.

132. En el nombre de YHWH, encuentro serenidad en cada respiración.

133. YHWH me guía hacia espacios de paz interior.

134. A través de YHWH, mi entorno se armoniza y me brinda tranquilidad.

135. YHWH me otorga la capacidad de mantener la calma en situaciones difíciles.

136. Con YHWH, mi corazón está en paz y mi alma en equilibrio.

137. YHWH me muestra el camino hacia la meditación y el silencio interior.

138. En el poder de YHWH, abrazo la serenidad como estado natural.

139. YHWH me ayuda a soltar lo que no puedo controlar y confiar.

140. Con YHWH, cada día es una oportunidad para experimentar paz profunda.

141. YHWH me envuelve en una luz de serenidad y protección.

142. A través de YHWH, encuentro paz en la naturaleza y en el presente.

143. YHWH me ayuda a equilibrar mis emociones y pensamientos.

144. En el nombre de YHWH, mi vida fluye con armonía y serenidad.

145. YHWH me enseña a escuchar el silencio y encontrar respuestas.

146. Con YHWH, libero miedos y abrazo la confianza plena.

147. YHWH me guía hacia prácticas que nutren mi paz interior.

148. A través de YHWH, mi sueño es profundo y reparador.

149. YHWH me ayuda a mantener una actitud serena ante los cambios.

150. En el poder de YHWH, mi mente está clara y mi corazón en paz.

151. YHWH me inspira a crear un ambiente de serenidad a mi alrededor.

152. Con YHWH, encuentro paz incluso en medio de la adversidad.

153. YHWH me ayuda a aceptar y fluir con la vida tal como es.

154. A través de YHWH, cultivo paciencia y comprensión.

155. YHWH me enseña a valorar el momento presente con serenidad.

156. En el nombre de YHWH, mi espíritu está en calma y en paz.

157. YHWH me protege de la ansiedad y el estrés externo.

158. Con YHWH, mi energía es serena y contagia paz a otros.

159. YHWH me ayuda a encontrar serenidad en mi interior, sin importar las circunstancias.

160. A través de YHWH, mi vida es un reflejo de paz y armonía.

161. YHWH me bendice con una mente serena y un corazón tranquilo.

162. En el poder de YHWH, la serenidad es mi estado natural de ser.

Resolución de Problemas (34 Afirmaciones)

163. YHWH me otorga sabiduría para resolver cualquier desafío.

164. Con YHWH, encuentro soluciones creativas y efectivas.

165. YHWH me guía a superar obstáculos con facilidad.

166. En el nombre de YHWH, cada problema es una oportunidad de crecimiento.

167. YHWH me ayuda a ver más allá de las apariencias y encontrar respuestas.

168. A través de YHWH, tengo claridad mental para tomar decisiones acertadas.

169. YHWH me fortalece ante las adversidades y me impulsa hacia adelante.

170. Con YHWH, enfrento los desafíos con confianza y determinación.

171. YHWH me muestra el camino correcto en situaciones confusas.

172. En el poder de YHWH, transformo problemas en soluciones.

173. YHWH me ayuda a mantener la calma y el enfoque en momentos difíciles.

174. Con YHWH, cada desafío se resuelve para mi mayor bien.

175. YHWH me inspira a actuar con integridad y sabiduría.

176. A través de YHWH, mis decisiones están alineadas con mi propósito divino.

177. YHWH me otorga paciencia mientras los problemas se resuelven.

178. En el nombre de YHWH, confío en el proceso y en los resultados positivos.

179. YHWH me ayuda a aprender de cada situación y a crecer.

180. Con YHWH, soy resiliente y adaptable ante los cambios.

181. YHWH me guía a pedir ayuda cuando la necesito y a aceptarla.

182. A través de YHWH, entiendo las lecciones detrás de cada problema.

183. YHWH me libera del miedo al fracaso y me impulsa a intentarlo.

184. En el poder de YHWH, los obstáculos se disuelven ante mí.

185. YHWH me ayuda a comunicarme efectivamente para resolver conflictos.

186. Con YHWH, tengo la fortaleza para enfrentar y superar cualquier situación.

187. YHWH me muestra soluciones que benefician a todos los involucrados.

188. A través de YHWH, cada problema es resuelto en armonía y paz.

189. YHWH me inspira a ver el panorama completo y actuar con sabiduría.

190. En el nombre de YHWH, nada es insuperable ni imposible.

191. YHWH me ayuda a mantener una actitud positiva frente a los desafíos.

192. Con YHWH, mis pensamientos están alineados con soluciones y posibilidades.

193. YHWH me guía a tomar acciones efectivas y oportunas.

194. A través de YHWH, confío en que todo se resuelve para mi bien mayor.

195. YHWH me enseña a soltar el control y a permitir que las soluciones emerjan.

196. En el poder de YHWH, mi camino se despeja y avanzo con certeza.

Afirmaciones Adicionales (4 Afirmaciones)

197. YHWH está presente en cada aspecto de mi vida, guiándome siempre.

198. Con YHWH, vivo en armonía con el universo y conmigo mismo/a.

199. YHWH me ayuda a crecer espiritual y personalmente cada día.

200. En el nombre de YHWH, agradezco por las bendiciones recibidas y por venir.

Oraciones y Afirmaciones para los 72 Nombres de Dios

1. Vehuiah (והו) - Transformación y nuevos comienzos

  - Oración: Vehuiah, que tu poder divino me guíe en este nuevo comienzo, permíteme ver las oportunidades de transformación y dame la fuerza para abrazar el cambio.

  - Afirmación: Con la guía de Vehuiah, estoy abierto a la transformación y acojo con alegría nuevos comienzos en mi vida.

2. Yeliel (ילי) - Amor y sabiduría

  - Oración: Yeliel, llena mi corazón con tu amor incondicional y concédeme la sabiduría para navegar por los desafíos de la vida con gracia y comprensión.

  - Afirmación: Con la bendición de Yeliel, soy un receptáculo del amor divino y la sabiduría fluye a través de mí en todas mis acciones.

3. Sitael (סיט) - Esperanza en tiempos difíciles

- Oración: Sitael, en los momentos de dificultad, te pido que enciendas la llama de la esperanza en mi corazón y me recuerdes que tu luz siempre brilla, incluso en la oscuridad.

- Afirmación: Con la fuerza de Sitael, mantengo la esperanza y la fe, sabiendo que los tiempos difíciles son temporales y que la ayuda divina está siempre presente.

4. Elemiah (עלם) - Paciencia y perdón

- Oración: Elemiah, ayúdame a cultivar la paciencia en mi corazón y a perdonar a aquellos que me han lastimado, así como a mí mismo por mis propios errores.

- Afirmación: Con la gracia de Elemiah, soy paciente y misericordioso, eligiendo el perdón sobre el resentimiento.

5. Mahasiah (מהש) - Sanación y reparación

- Oración: Mahasiah, te pido que traigas tu toque sanador a mi cuerpo, mente y espíritu, reparando lo que está roto y restaurando mi totalidad.

- Afirmación: Con el poder de Mahasiah, soy un conducto para la energía sanadora divina, permitiendo que fluya a través de mí para sanar y reparar.

6. Lelahel (ללה) - Iluminación y comprensión

   - Oración: Lelahel, ilumina mi camino con tu luz divina, otorgándome claridad y comprensión en todas mis búsquedas.

   - Afirmación: Con la luz de Lelahel, estoy abierto a recibir la iluminación divina y busco una comprensión más profunda en todas las áreas de mi vida.

7. Achaiah (אכא) - Paciencia y revelación de secretos

   - Oración: Achaiah, concédeme la paciencia para esperar el despliegue divino y revela los secretos que necesito saber en el momento perfecto.

   - Afirmación: Con la sabiduría de Achaiah, cultivo la paciencia y estoy abierto a recibir las revelaciones divinas en el momento adecuado.

8. Cahethel (כהת) - Bendiciones divinas y gratitud

   - Oración: Cahethel, te doy gracias por todas las bendiciones en mi vida y te pido que me ayudes a mantener un corazón agradecido en todo momento.

- Afirmación: Con la inspiración de Cahethel, reconozco y agradezco las innumerables bendiciones en mi vida, cultivando una actitud de gratitud constante.

9. Haziel (הזי) - Misericordia y perdón

- Oración: Haziel, envuelve mi corazón con tu misericordia y ayúdame a extender el perdón a los demás, así como a mí mismo.

- Afirmación: Con la compasión de Haziel, elijo la misericordia y el perdón, liberándome de las cargas del resentimiento y la culpa.

10. Aladiah (אלד) - Recuperación y restauración

- Oración: Aladiah, te pido que me guíes en el camino de la recuperación y la restauración, sanando las heridas del pasado y renovando mi espíritu.

- Afirmación: Con la guía de Aladiah, avanzo en el camino de la recuperación y la restauración, permitiendo que la sanación divina transforme mi vida.

11. Lauviah (לאו) - Victoria y superación de obstáculos

- Oración: Lauviah, te pido que me concedas la fuerza y la determinación para superar los obstáculos en mi camino y alcanzar la victoria en todas mis empresas.

- Afirmación: Con el coraje de Lauviah, enfrento los desafíos con valentía, confiando en que la victoria es mía a través de la gracia divina.

12. Hahaiah (ההע) - Protección y refugio

- Oración: Hahaiah, te pido que me rodees con tu protección divina, proporcionándome un refugio seguro en tiempos de necesidad.

- Afirmación: Con la protección de Hahaiah, me siento seguro y protegido, sabiendo que estoy siempre bajo el cuidado divino.

13. Yesalel (יזל) - Reconciliación y amistad

- Oración: Yesalel, ayúdame a ser un instrumento de reconciliación, creando puentes de entendimiento y fomentando la amistad entre todas las personas que me rodean.

- Afirmación: Con la guía de Yesalel, soy un agente de reconciliación, sembrando semillas de amistad y armonía en todas mis relaciones.

14. Mebahel (מבה) - Verdad y justicia

   - Oración: Mebahel, que tu luz de verdad brille en mi corazón, guiándome para vivir con integridad y buscar la justicia en todas las situaciones.

   - Afirmación: Con la verdad de Mebahel, me mantengo firme en mi integridad, defendiendo la justicia y la honestidad en todas mis acciones.

15. Hariel (הרי) - Purificación y claridad

   - Oración: Hariel, purifica mi corazón y mi mente, eliminando las impurezas y brindándome claridad de propósito.

   - Afirmación: Con la gracia de Hariel, me libero de las impurezas y abrazo la claridad, viviendo con un propósito definido y una visión clara.

16. Hakamiah (הקמ) - Lealtad y liderazgo

   - Oración: Hakamiah, fortalece mi lealtad a los principios divinos y concédeme la sabiduría para liderar con compasión y justicia.

   - Afirmación: Con la bendición de Hakamiah, soy un líder leal y compasivo, guiando a otros con integridad y sabiduría.

17. Lauviah (לוי) - Revelación y sueños proféticos

- Oración: Lauviah, abre mi corazón a las revelaciones divinas y concédeme sueños proféticos que me guíen en mi camino.

- Afirmación: Con la inspiración de Lauviah, estoy abierto a recibir revelaciones divinas y sueños proféticos, permitiendo que la sabiduría superior guíe mis pasos.

18. Caliel (קלי) - Justicia y verdad

- Oración: Caliel, que tu sentido de la justicia impregne mi ser, para que pueda discernir la verdad y actuar con equidad en todas las situaciones.

- Afirmación: Con la guía de Caliel, soy un defensor de la justicia y la verdad, tomando decisiones imparciales y defendiendo lo que es correcto.

19. Leuviah (לוו) - Expansión de la conciencia

- Oración: Leuviah, ayúdame a expandir mi conciencia y a conectarme con la sabiduría universal que reside dentro de mí.

- Afirmación: Con la energía de Leuviah, mi conciencia se expande, permitiéndome acceder a niveles más profundos de sabiduría y entendimiento.

20. Pahaliah (פהל) - Redención y liberación

- Oración: Pahaliah, te pido que me guíes en el camino de la redención, liberándome de los patrones negativos y las limitaciones autoimpuestas.

- Afirmación: Con el poder de Pahaliah, soy redimido y liberado, rompiendo las cadenas de los patrones negativos y abrazando mi verdadero potencial.

21. Nelchael (נלכ) - Conocimiento y aprendizaje

- Oración: Nelchael, enciende en mí el deseo de conocimiento y concédeme la disciplina para buscar el aprendizaje continuo.

- Afirmación: Con la inspiración de Nelchael, abrazo el conocimiento y el aprendizaje, buscando constantemente crecer y expandir mi comprensión.

22. Yeiayel (יייּ) - Fama y renombre

- Oración: Yeiayel, que mis acciones y logros sean un reflejo de tu gloria, y que mi fama y renombre sirvan para elevar a otros e inspirarlos.

- Afirmación: Con la bendición de Yeiayel, mi fama y renombre son un testimonio de la grandeza divina, utilizados para elevar e inspirar a otros.

23. Melahel (מלה) - Sanación y autocuidado

  - Oración: Melahel, envuelve mi ser con tu energía sanadora, guiándome para cuidar de mí mismo con amor y compasión.

  - Afirmación: Con la guía de Melahel, me convierto en un canal de sanación, cuidando de mí mismo con amor y nutriendo mi bienestar holístico.

24. Hahuiah (ההו) - Protección y refugio espiritual

  - Oración: Hahuiah, rodéame con tu manto de protección, brindándome un refugio espiritual en tiempos de necesidad.

  - Afirmación: Con la protección de Hahuiah, me siento seguro y protegido, encontrando refugio y paz en la presencia divina.

25. Nith-Haiah (נתה) - Sabiduría y magia divina

  - Oración: Nith-Haiah, concédeme acceso a la sabiduría divina y permíteme ser un canal para tu magia sagrada.

- Afirmación: Con la sabiduría de Nith-Haiah, me convierto en un recipiente de la sabiduría divina y un instrumento de la magia sagrada.

26. Haaiah (העא) - Orden y estructura

- Oración: Haaiah, ayúdame a crear orden y estructura en mi vida, para que pueda cumplir mi propósito con claridad y enfoque.

- Afirmación: Con la guía de Haaiah, establezco orden y estructura en mi vida, alineándome con mi propósito divino.

27. Yeratel (ירת) - Propagación de la luz y optimismo

- Oración: Yeratel, que tu luz brille a través de mí, para que pueda ser un faro de optimismo y esperanza para otros.

- Afirmación: Con la inspiración de Yeratel, irradia luz y optimismo, contagiando esperanza y positividad a todos los que me rodean.

28. Seheiah (סהי) - Longevidad y salud

- Oración: Seheiah, bendíceme con longevidad y salud, para que pueda servir a mi propósito divino con vitalidad y energía.

- Afirmación: Con la bendición de Seheiah, disfruto de una vida larga y saludable, vibrando con vitalidad y energía divina.

29. Reiyel (ריי) - Liberación y liberación de la opresión

- Oración: Reiyel, libérame de todas las formas de opresión, tanto internas como externas, para que pueda vivir en verdadera libertad.

- Afirmación: Con el poder de Reiyel, me libero de todas las formas de opresión, abrazando mi libertad inherente y viviendo con autenticidad.

30. Omael (אומ) - Multiplicación y fertilidad

- Oración: Omael, bendice mis esfuerzos con multiplicación y fertilidad, para que pueda crear abundancia en todas las áreas de mi vida.

- Afirmación: Con la gracia de Omael, mis esfuerzos dan fruto, trayendo multiplicación y fertilidad a todas mis empresas.

31. Lecabel (לכב) - Inspiración y talento artístico

- Oración: Lecabel, despierta en mí la chispa de la inspiración divina y cultiva mis talentos artísticos para que pueda crear belleza en el mundo.

- Afirmación: Con la inspiración de Lecabel, mi creatividad florece, permitiéndome expresar la belleza divina a través de mis talentos artísticos.

32. Vasariah (ושר) - Justicia y clemencia

- Oración: Vasariah, que tu sentido de la justicia guíe mis decisiones, templado siempre por la clemencia y la compasión.

- Afirmación: Con la sabiduría de Vasariah, soy un instrumento de justicia, ejerciendo la clemencia y la compasión en todas mis interacciones.

33. Yehuiah (יהו) - Subordinación y orden jerárquico

- Oración: Yehuiah, ayúdame a encontrar mi lugar adecuado dentro del orden divino, sirviendo con humildad y gratitud.

- Afirmación: Con la guía de Yehuiah, acepto mi papel en el orden divino, sirviendo con humildad y encontrando alegría en mi lugar.

34. Lehahiah (להח) - Obediencia y disciplina

- Oración: Lehahiah, cultiva en mí un espíritu de obediencia y disciplina, para que pueda seguir el camino divino con dedicación y enfoque.

- Afirmación: Con la fortaleza de Lehahiah, cultivo la obediencia y la disciplina, siguiendo el camino divino con dedicación y enfoque.

35. Chavakiah (כוק) - Reconciliación y restauración de relaciones

- Oración: Chavakiah, ayúdame a ser un puente de reconciliación, restaurando relaciones rotas y fomentando la armonía en todas mis interacciones.

- Afirmación: Con la gracia de Chavakiah, soy un agente de reconciliación, restaurando relaciones y cultivando la armonía en todas mis conexiones.

36. Menadel (מנד) - Trabajo y vocación

- Oración: Menadel, guíame para descubrir y cumplir mi verdadera vocación, encontrando satisfacción y propósito en mi trabajo.

- Afirmación: Con la dirección de Menadel, abrazo mi vocación divina, encontrando alegría y realización en mi trabajo.

37. Aniel (אני) - Coraje y rompimiento de patrones negativos

- Oración: Aniel, lléname con tu coraje divino, dándome la fuerza para romper patrones negativos y abrazar el cambio positivo.

- Afirmación: Con el coraje de Aniel, me libero de patrones negativos, abrazando el cambio positivo con valentía y determinación.

38. Haamiah (העמ) - Ritual y ceremonia

- Oración: Haamiah, guíame en la creación de rituales y ceremonias significativas que me conecten con lo divino y fortalezcan mi práctica espiritual.

- Afirmación: Con la inspiración de Haamiah, creo rituales y ceremonias sagradas que me conectan con lo divino y profundizan mi práctica espiritual.

39. Rehael (רהע) - Sanación emocional y equilibrio familiar

- Oración: Rehael, trae tu toque sanador a mi vida emocional y a mis relaciones familiares, fomentando la armonía y el equilibrio.

- Afirmación: Con la sanación de Rehael, experimento paz emocional y armonía en mis relaciones familiares, fomentando un hogar equilibrado y amoroso.

40. Yeiazel (ייז) - Liberación de la ansiedad y la depresión

- Oración: Yeiazel, libérame de las garras de la ansiedad y la depresión, llenándome de paz y alegría interior.

- Afirmación: Con el poder de Yeiazel, me libero de la ansiedad y la depresión, abrazando una paz profunda y una alegría duradera.

41. Hahahel (ههل) - Misión espiritual y vocación religiosa

- Oración: Hahahel, revélame mi misión espiritual y guíame en mi vocación religiosa, para que pueda servir a lo divino con pasión y dedicación.

- Afirmación: Con la claridad de Hahahel, abrazo mi misión espiritual y mi vocación religiosa, sirviendo a lo divino con pasión y propósito.

42. Mikael (מיכ) - Orden y organización

- Oración: Mikael, ayúdame a crear orden y organización en mi vida, para que pueda enfocarme en lo que es verdaderamente importante.

- Afirmación: Con la guía de Mikael, establezco orden y organización en mi vida, priorizando lo que es verdaderamente significativo.

43. Veuliah (ויל) - Prosperidad y abundancia

- Oración: Veuliah, abre los canales de prosperidad y abundancia en mi vida, para que pueda ser un administrador sabio de tus bendiciones.

- Afirmación: Con la gracia de Veuliah, recibo prosperidad y abundancia, administrando las bendiciones divinas con sabiduría y gratitud.

44. Yelahiah (ילה) - Victoria y éxito en conflictos

- Oración: Yelahiah, concédeme victoria y éxito en los conflictos, para que pueda superar los desafíos con gracia y aprender lecciones valiosas.

- Afirmación: Con el poder de Yelahiah, enfrento los conflictos con confianza, logrando victorias y extrayendo sabiduría de cada desafío.

45. Sealiah (סאל) - Motivación y voluntad

- Oración: Sealiah, enciende en mí la llama de la motivación y fortalece mi voluntad, para que pueda perseverar en la búsqueda de mis sueños.

- Afirmación: Con la inspiración de Sealiah, estoy motivado y determinado, perseverando en la realización de mis sueños con voluntad inquebrantable.

46. Ariel (ער) - Percepción y revelación

- Oración: Ariel, agudiza mi percepción y ábreme a las revelaciones divinas, para que pueda discernir la verdad y recibir guía superior.

- Afirmación: Con la claridad de Ariel, mi percepción es aguda y estoy abierto a las revelaciones divinas, discerniendo la verdad y recibiendo guía sagrada.

47. Asaliah (עשל) - Contemplación y comprensión profunda

- Oración: Asaliah, guíame en la contemplación profunda y concédeme una comprensión clara de las verdades espirituales.

- Afirmación: Con la sabiduría de Asaliah, me sumerjo en la contemplación profunda, alcanzando una comprensión clara de las verdades espirituales.

48. Mihael (מיה) - Amor y relaciones matrimoniales

- Oración: Mihael, bendice mi relación matrimonial con amor divino, fomentando la unidad, la fidelidad y la alegría.

- Afirmación: Con la gracia de Mihael, mi relación matrimonial está impregnada de amor divino, experimentando unidad, fidelidad y alegría perdurables.

49. Vehuel (והו) - Elevación y grandeza

- Oración: Vehuel, elévame a nuevas alturas de conciencia y ayúdame a reconocer la grandeza dentro de mí y en los demás.

- Afirmación: Con la influencia de Vehuel, me elevo a nuevos niveles de conciencia, reconociendo y honrando la grandeza dentro de mí y en todos los seres.

50. Daniel (דני) - Clemencia y juicio

- Oración: Daniel, que tu clemencia y juicio justo guíen mis decisiones, para que pueda actuar con compasión y discernimiento.

- Afirmación: Con la sabiduría de Daniel, tomo decisiones guiadas por la clemencia y el juicio justo, actuando con compasión y discernimiento en todas las situaciones.

51. Hahasiah (ހהש) - Meditación y búsqueda interior

- Oración: Hahasiah, guíame en mi práctica de meditación y en mi búsqueda interior, revelando las verdades profundas dentro de mí.

- Afirmación: Con la guía de Hahasiah, profundizo mi práctica de meditación y mi búsqueda interior, descubriendo las verdades sagradas que residen en mi ser.

52. Imamiah (ימם) - Expiación y liberación de cargas

- Oración: Imamiah, ayúdame a expiar mis errores y libérame de las cargas del pasado, para que pueda vivir en el presente con ligereza y gracia.

- Afirmación: Con la misericordia de Imamiah, me libero de las cargas del pasado, viviendo en el presente con ligereza y gracia divina.

53. Nanael (ננא) - Comunicación y transmisión de conocimiento

- Oración: Nanael, haz de mí un canal claro para la comunicación divina y ayúdame a transmitir conocimiento con sabiduría y compasión.

- Afirmación: Con la claridad de Nanael, soy un canal para la comunicación divina, transmitiendo conocimiento con sabiduría y compasión.

54. Nithael (נית) - Legado y continuidad

- Oración: Nithael, ayúdame a construir un legado significativo y a contribuir a la continuidad de la sabiduría espiritual.

- Afirmación: Con la guía de Nithael, creo un legado duradero, contribuyendo a la continuidad de la sabiduría espiritual para las generaciones venideras.

55. Mebahiah (מבה) - Inspiración y guía

- Oración: Mebahiah, sé mi fuente constante de inspiración y guía, iluminando mi camino con tu luz divina.

- Afirmación: Con la presencia de Mebahiah, estoy continuamente inspirado y guiado, siguiendo el camino iluminado por la luz divina.

56. Poyel (פוי) - Sostén y fortuna

- Oración: Poyel, sosténme en tiempos de necesidad y atrae fortuna y bendiciones a mi vida.

- Afirmación: Con el apoyo de Poyel, me siento sostenido en tiempos de necesidad, atrayendo fortuna y bendiciones a mi vida.

57. Nemamiah (נממ) - Prosperidad y éxito

- Oración: Nemamiah, concédeme prosperidad y éxito en todas mis empresas, para que pueda ser un canal de abundancia en el mundo.

- Afirmación: Con la gracia de Nemamiah, experimento prosperidad y éxito en todas mis empresas, siendo un canal de abundancia divina en el mundo.

58. Yeialel (ייל) - Fortalecimiento mental y claridad

- Oración: Yeialel, fortalece mi mente y concédeme claridad de pensamiento, para que pueda enfrentar los desafíos con sabiduría y gracia.

- Afirmación: Con la influencia de Yeialel, mi mente es fuerte y clara, permitiéndome enfrentar los desafíos con sabiduría y gracia.

59. Harahel (הרח) - Intelecto y aprendizaje

- Oración: Harahel, aguza mi intelecto y bendice mi proceso de aprendizaje, para que pueda crecer en sabiduría y comprensión.

- Afirmación: Con la guía de Harahel, mi intelecto es agudo y mi aprendizaje es bendecido, permitiéndome crecer en sabiduría y comprensión.

60. Mitzrael (מצר) - Reparación y restauración

- Oración: Mitzrael, ayúdame a reparar lo que está roto y a restaurar lo que se ha perdido, trayendo plenitud y armonía a mi vida.

- Afirmación: Con el poder de Mitzrael, reparo lo que está roto y restauro lo que se ha perdido, experimentando plenitud y armonía en mi ser.

61. Umabel (ומב) - Amistad y afinidad

- Oración: Umabel, bendice mis amistades con amor y comprensión, y atrae a mi vida personas afines que me inspiren y me apoyen.

- Afirmación: Con la gracia de Umabel, mis amistades están llenas de amor y comprensión, y atraigo a mi vida personas afines que me inspiran y me elevan.

62. Iah-Hel (יהה) - Sabiduría y conocimiento

- Oración: Iah-Hel, concédeme acceso a la sabiduría divina y al conocimiento sagrado, para que pueda caminar en la verdad y la luz.

- Afirmación: Con la guía de Iah-Hel, accedo a la sabiduría divina y al conocimiento sagrado, caminando en la verdad y la luz.

63. Anauel (ענו) - Percepción global y comprensión

- Oración: Anauel, expande mi percepción y concédeme una comprensión global, para que pueda ver la interconexión de todas las cosas.

- Afirmación: Con la influencia de Anauel, mi percepción se expande y alcanzo una comprensión global, reconociendo la interconexión sagrada de toda la creación.

64. Mehiel (מחי) - Vivificación e inspiración

- Oración: Mehiel, lléname de tu aliento vivificador e inspírame a vivir con pasión y propósito.

- Afirmación: Con la energía de Mehiel, estoy lleno de vitalidad e inspiración, viviendo cada día con pasión y propósito divino.

65. Damabiah (דמב) - Sabiduría y flujo de energía

- Oración: Damabiah, concédeme acceso a la sabiduría ancestral y ayúdame a fluir con la energía divina en todas mis acciones.

- Afirmación: Con la gracia de Damabiah, accedo a la sabiduría de los antiguos y fluyo con la energía divina en todas mis acciones.

66. Manakel (מנק) - Comprensión y equilibrio

- Oración: Manakel, concédeme comprensión profunda y ayúdame a mantener el equilibrio en todas las áreas de mi vida.

- Afirmación: Con la guía de Manakel, alcanzo una comprensión profunda y mantengo un equilibrio sagrado en todas las áreas de mi vida.

67. Eyael (איע) - Transformación y cambio

- Oración: Eyael, sé mi guía en los procesos de transformación y cambio, ayudándome a abraza el crecimiento con gracia y confianza.

- Afirmación: Con el apoyo de Eyael, navego por las transformaciones y los cambios con gracia y confianza, abrazando el crecimiento continuo.

68. Habuhiah (הבו) - Sanación y fertilidad

- Oración: Habuhiah, trae tu toque sanador a mi cuerpo, mente y espíritu, y bendice mi vida con fertilidad y creatividad.

- Afirmación: Con la presencia de Habuhiah, experimento una profunda sanación en cuerpo, mente y espíritu, y mi vida es bendecida con fertilidad y creatividad divina.

69. Rochel (רוכ) - Restitución y recuperación

- Oración: Rochel, ayúdame a restaurar lo que se ha perdido y a recuperar lo que me ha sido quitado, trayendo plenitud y justicia a mi vida.

- Afirmación: Con el poder de Rochel, restauro lo que se ha perdido y recupero lo que me ha sido quitado, experimentando plenitud y justicia divina en mi vida.

70. Jabamiah (יבמ) - Alquimia y transmutación

- Oración: Jabamiah, guíame en el arte sagrado de la alquimia, ayudándome a transmutar los desafíos en oportunidades de crecimiento y transformación.

- Afirmación: Con la sabiduría de Jabamiah, me convierto en un alquimista divino, transmutando los desafíos en oportunidades de crecimiento y transformación.

71. Haiaiel (היי) - Victoria y liberación

- Oración: Haiaiel, concédeme la victoria sobre mis limitaciones y libérame de todo lo que me impide vivir mi verdadero potencial.

- Afirmación: Con la gracia de Haiaiel, soy victorioso sobre mis limitaciones y me libero de todo lo que me impide encarnar mi verdadero potencial divino.

72. Mumiah (מום) - Renacimiento y nuevos ciclos

- Oración: Mumiah, guíame a través de los ciclos de renacimiento y renovación, para que pueda emerger transformado y listo para nuevos comienzos.

- Afirmación: Con la energía de Mumiah, abrazo los ciclos de renacimiento y renovación, emergiendo transformado y listo para nuevos comienzos llenos de potencial.

FIN

www.ingramcontent.com/pod-product-compliance
Lightning Source LLC
LaVergne TN
LVHW051121080426
835510LV00018B/2161